Autores varios

Constitución de la República Oriental del Uruguay de 1997

Barcelona **2024**
Linkgua-ediciones.com

Créditos

Título original: Constitución de Uruguay de 1997.

© 2024, Red ediciones S.L.

e-mail: info@linkgua.com

Diseño de cubierta: Mario Eskenazi.

ISBN rústica: 978-84-96428-62-1.
ISBN ebook: 978-84-9897-161-3.

Sumario

Constitución de la República Oriental del Uruguay, 1997

Texto vigente de 1997

Sección I. De la nación y su soberanía

Capítulo I

Artículo 1.° La República Oriental del Uruguay es la asociación política de todos los habitantes comprendidos dentro de su territorio.

Artículo 2.° Ella es y será para siempre libre e independiente de todo poder extranjero.

Artículo 3.° Jamás será el patrimonio de personas ni de familia alguna.

Capítulo II

Artículo 4.° La soberanía en toda su plenitud existe radicalmente en la Nación, a la que compete el derecho exclusivo de establecer sus leyes, del modo que más adelante se expresará.

Capítulo III

Artículo 5.° Todos los cultos religiosos son libres en el Uruguay. El Estado no sostiene religión alguna. Reconoce a la Iglesia Católica el dominio de todos los templos que hayan sido total o parcialmente construidos con fondos del Erario Nacional, exceptuándose solo las capillas destinadas al servicio de asilos, hospitales, cárceles u otros establecimientos públicos. Declara, asimismo, exentos de toda clase de impuestos a los templos consagrados al culto de las diversas religiones.

Capítulo IV

Artículo 6.° En los tratados internacionales que celebre la República propondrá la cláusula de que todas las diferencias que surjan entre las partes contratantes, serán decididas por el arbitraje u otros medios pacíficos. La República procurará la integración social y económica de los Estados Latinoamericanos, especialmente en lo que se refiere a la defensa común de sus productos y materias primas. Asimismo, propenderá a la efectiva complementación de sus servicios públicos.

Sección II. Derechos, deberes y garantías

Capítulo I

Artículo 7.° Los habitantes de la República tienen derecho a ser protegidos en el goce de su vida, honor, libertad, seguridad, trabajo y propiedad. Nadie puede ser privado de estos derechos sino conforme a las leyes que se establecieron por razones de interés general.

Artículo 8.° Todas las personas son iguales ante la ley no reconociéndose otra distinción entre ellas sino la de los talentos o las virtudes.

Artículo 9.° Se prohíbe la fundación de mayorazgos. Ninguna autoridad de la República podrá conceder título alguno de nobleza, ni honores o distinciones hereditarias.

Artículo 10. Las acciones privadas de las personas que de ningún modo atacan el orden público ni perjudican a un tercero, están exentas de la autoridad de los magistrados.
Ningún habitante de la República será obligado a hacer lo que no manda la ley, ni privado de lo que ella no prohíbe.

Artículo 11. El hogar es un sagrado inviolable. De noche nadie podrá entrar en él sin consentimiento de su jefe, y de día, solo de orden expresa de Juez competente, por escrito y en los casos determinados por la ley.

Artículo 12. Nadie puede ser penado ni confinado sin forma de proceso y sentencia legal.

Artículo 13. La ley ordinaria podrá establecer el juicio por jurados en las causas criminales.

Artículo 14. No podrá imponerse la pena de confiscación de bienes por razones de carácter político.

Artículo 15. Nadie puede ser preso sino infraganti delito o habiendo semiplena prueba de él, por orden escrita de Juez competente.

Artículo 16. En cualquiera de los casos del **Artículo** anterior, el Juez, bajo la más seria responsabilidad, tomará al arrestado su declaración dentro de veinticuatro horas, y dentro de cuarenta y ocho, lo más, empezará el sumario. La declaración del acusado deberá ser tomada en presencia de su defensor. Este tendrá también el derecho de asistir a todas las diligencias sumariales.

Artículo 17. En caso de prisión indebida el interesado o cualquier persona podrá interponer ante el Juez competente el recurso de «habeas corpus», a fin de que la autoridad aprehensora explique y justifique de inmediato el motivo legal de la aprehensión, estándose a lo que decida el Juez indicado.

Artículo 18. Las leyes fijarán el orden y las formalidades de los juicios.

Artículo 19. Quedan prohibidos los juicios por comisión.

Artículo 20. Quedan abolidos los juramentos de los acusados en sus declaraciones o confesiones, sobre hecho propio; y prohibido el que sean tratados en ellas como reos.

Artículo 21. Queda igualmente vedado el juicio criminal en rebeldía. La ley proveerá lo conveniente a este respecto.

Artículo 22. Todo juicio criminal empezará por acusación de parte o del acusador público, quedando abolidas las pesquisas secretas.

Artículo 23. Todos los jueces son responsables ante la ley, de la más pequeña agresión contra los derechos de las personas, así como por separarse del orden de proceder que en ella se establezca.

Artículo 24. El Estado, los Gobiernos Departamentales, los Entes Autónomos, los Servicios Descentralizados y, en general, todo órgano del Estado, serán civilmente responsables del daño causado a terceros, en la ejecución de los servicios públicos, confiados a su gestión o dirección.

Artículo 25. Cuando el daño haya sido causado por sus funcionarios, en el ejercicio de sus funciones o en ocasión de ese ejercicio, en caso de haber obrado con culpa grave o dolo, el órgano público correspondiente podrá repetir contra ellos, lo que hubiere pagado en reparación.

Artículo 26. A nadie se le aplicará la pena de muerte. En ningún caso se permitirá que las cárceles sirvan para mortificar, y sí solo para asegurar a los procesados y penados, persiguiendo su reeducación, la aptitud para el trabajo y la profilaxis del delito.

Artículo 27. En cualquier estado de una causa criminal de que no haya de resultar pena de penitenciaría, los Jueces podrán poner al acusado en libertad, dando fianza según la ley.

Artículo 28. Los papeles de los particulares y su correspondencia epistolar, telegráfica o de cualquier otra especie, son inviolables, y nunca podrá hacerse su registro, examen o interceptación sino conforme a las leyes que se establecieron por razones de interés general.

Artículo 29. Es enteramente libre en toda materia la comunicación de pensamientos por palabras, escritos privados o publicados en la prensa, o por cualquier otra forma de divulgación, sin necesidad de previa censura; quedando responsable el autor y, en su caso, el impresor o emisor, con arreglo a la ley por los abusos que cometieron.

Artículo 30. Todo habitante tiene derecho de petición para ante todas y cualesquiera autoridades de la República.

Artículo 31. La seguridad individual no podrá suspenderse sino con la anuencia de la Asamblea General, o estando ésta disuelta o en receso, de la Comisión Permanente, y en el caso extraordinario de traición o conspiración contra la patria; y entonces solo para la aprehensión de los delincuentes, sin perjuicio de lo dispuesto en el inciso 17 del **Artículo** 168.

Artículo 32. La propiedad es un derecho inviolable, pero sujeto a lo que dispongan las leyes que se establecieron por razones de interés general. Nadie podrá ser privado de su derecho de propiedad sino en los casos de necesidad o utilidad públicas establecidos por una ley y recibiendo siempre del Tesoro Nacional una justa y previa compensación. Cuando se declare la expropiación por causa de necesidad o utilidad públicas, se indemnizará a los propietarios por los daños y perjuicios que sufrieron en razón de la duración del procedimiento expropiatorio, se consume o no la expropiación; incluso los que deriven de las variaciones en el valor de la moneda.

Artículo 33. El trabajo intelectual, el derecho del autor, del inventor o del artista, serán reconocidos y protegidos por la ley.

Artículo 34. Toda la riqueza artística o histórica del país, sea quien fuere su dueño, constituye el tesoro cultural de la Nación; estará bajo la salvaguardia del Estado y la ley establecerá lo que estime oportuno para su defensa.

Artículo 35. Nadie será obligado a prestar auxilios, sean de la clase que fueren, para los ejércitos, ni a franquear su casa para alojamiento de militares, sino de orden del magistrado civil según la ley, y recibirá de la República la indemnización del perjuicio que en tales casos se le infiera.

Artículo 36. Toda persona puede dedicarse al trabajo, cultivo, industria, comercio, profesión o cualquier otra actividad lícita, salvo las limitaciones de interés general que establezcan las leyes.

Artículo 37. Es libre la entrada de toda persona en el territorio de la República, su permanencia en él y su salida con sus bienes, observando las leyes y salvo perjuicios de terceros.
La inmigración deberá ser reglamentada por la ley, pero en ningún caso el inmigrante adolecerá de defectos físicos, mentales o morales que puedan perjudicar a la sociedad.

Artículo 38. Queda garantido el derecho de reunión pacífica y sin armas. El ejercicio de este derecho no podrá ser desconocido por ninguna autoridad de la República sino en virtud de una ley, y solamente en cuanto se oponga a la salud, la seguridad y el orden públicos.

Artículo 39. Todas las personas tienen el derecho de asociarse, cualquiera sea el objeto que persigan, siempre que no constituyan una asociación ilícita declarada por la ley.

Capítulo II

Artículo 40. La familia es la base de nuestra sociedad. El Estado velará por su estabilidad moral y material, para la mejor formación de los hijos dentro de la sociedad.

Artículo 41. El cuidado y educación de los hijos para que éstos alcancen su plena capacidad corporal, intelectual y social, es un deber y un derecho de los padres. Quienes tengan a su cargo numerosa prole tienen derecho a auxilios compensatorios, siempre que los necesiten.
La ley dispondrá las medidas necesarias para que la infancia y juventud sean protegidas contra el abandono corporal, intelectual o moral de sus padres o tutores, así como contra la explotación y el abuso.

Artículo 42. Los padres tienen para con los hijos habidos fuera del matrimonio los mismos deberes que respecto a los nacidos en él.

La maternidad, cualquiera sea la condición o estado de la mujer, tiene derecho a la protección de la sociedad y a su asistencia en caso de desamparo.

Artículo 43. La ley procurará que la delincuencia infantil esté sometida a un régimen especial en que se dará participación a la mujer.

Artículo 44. El Estado legislará en todas las cuestiones relacionadas con la salud e higiene públicas, procurando el perfeccionamiento físico, moral y social de todos los habitantes del país.

Todos los habitantes tienen el deber de cuidar su salud, así como el de asistirse en caso de enfermedad. El Estado proporcionará gratuitamente los medios de prevención y de asistencia tan solo a los indigentes o carentes de recursos suficientes.

Artículo 45. Todo habitante de la República tiene derecho a gozar de vivienda decorosa. La ley propenderá a asegurar la vivienda higiénica y económica, facilitando su adquisición y estimulando la inversión de capitales privados para ese fin.

Artículo 46. El Estado dará asilo a los indigentes o carentes de recursos suficientes que, por su inferioridad física o mental de carácter crónico, estén inhabilitados para el trabajo. El estado combatirá por medio de la Ley y de las Convenciones Internacionales, los vicios sociales.

Artículo 47. La protección del medio ambiente es de interés general. Las personas deberán abstenerse de cualquier acto que cause depredación, destrucción o contaminación graves al medio ambiente. La Ley reglamentará esta disposición y podrá prever sanciones para los transgresores.

Artículo 48. El derecho sucesorio queda garantido dentro de los límites que establezca la ley. La línea recta ascendente y la descendente tendrán un tratamiento preferencial en las leyes impositivas.

Artículo 49. El «bien de familia», su Constitución, conservación, goce y transmisión, serán objeto de una legislación protectora especial.

Artículo 50. El Estado orientará el comercio exterior de la República protegiendo las actividades productivas cuyo destino sea la exportación o que reemplacen bienes de importación. La ley promoverá las inversiones destinadas a este fin, y encauzará preferentemente con este destino el ahorro público.

Toda organización comercial o industrial trustificada estará bajo el contralor del Estado.

Asimismo el Estado impulsará políticas de descentralización, de modo de promover el desarrollo regional y el bienestar general.

Artículo 51. El Estado o los Gobiernos Departamentales, en su caso, condicionarán a su homologación, el establecimiento y la vigencia de las tarifas de servicios públicos a cargo de empresas concesionarias. Las concesiones a que se refiere este **Artículo** no podrán darse a perpetuidad en ningún caso.

Artículo 52. Prohíbese la usura. Es de orden público la ley que señale límite máximo al interés de los préstamos. Esta determinará la pena a aplicarse a los contraventores. Nadie podrá ser privado de su libertad por deudas.

Artículo 53. El trabajo está bajo la protección especial de la ley. Todo habitante de la República, sin perjuicio de su libertad, tiene el deber de aplicar sus energías intelectuales o corporales en forma que redunde en beneficio de la colectividad, la que procurará ofrecer, con preferencia a los ciudadanos, la posibilidad de ganar su sustento mediante el desarrollo de una actividad económica.

Artículo 54. La ley ha de reconocer a quien se hallaré en una relación de trabajo o servicio, como obrero o empleado, la independencia de su conciencia moral y cívica; la justa remuneración; la limitación de la jornada; el descanso semanal y la higiene física y moral.

El trabajo de las mujeres y de los menores de dieciocho años será especialmente reglamentado y limitado.

Artículo 55. La ley reglamentará la distribución imparcial y equitativa del trabajo.

Artículo 56. Toda empresa cuyas características determinen la permanencia del personal en el respectivo establecimiento, estará obligada a proporcionarle alimentación y alojamiento adecuados, en las condiciones que la ley establecerá.

Artículo 57. La ley promoverá la organización de sindicatos gremiales, acordándoles franquicias y dictando normas para reconocerles personería jurídica. Promoverá, asimismo, la creación de tribunales de conciliación y arbitraje. Declárase que la huelga es un derecho gremial. Sobre esta base se reglamentará su ejercicio y efectividad.

Artículo 58. Los funcionarios están al servicio de la Nación y no de una fracción política. En los lugares y las horas de trabajo, queda prohibida toda actividad ajena a la función, reputándose ilícita la dirigida a fines de proselitismo de cualquier especie.
No podrán constituirse agrupaciones con fines proselitistas utilizándose las denominaciones de reparticiones públicas o invocándose el vínculo que la función determine entre sus integrantes.

Artículo 59. La ley establecerá el Estatuto del Funcionario sobre la base fundamental de que el funcionario existe para la función y no la función para el funcionario. Sus preceptos se aplicarán a los funcionarios dependientes:

A. Del Poder Ejecutivo, con excepción de los militares, policiales y diplomáticos, que se regirán por leyes especiales.
B. Del Poder Judicial y del Tribunal de lo Contencioso Administrativo, salvo en lo relativo a los cargos de la Judicatura.
C. Del Tribunal de Cuentas.

D. De la Corte Electoral y sus dependencias, sin perjuicio de las reglas destinadas a asegurar el contralor de los partidos políticos.

E. De los Servicios Descentralizados, sin perjuicio de lo que a su respecto se disponga por leyes especiales en atención a la diversa índole de sus cometidos.

Artículo 60. La ley creará el Servicio Civil de la Administración Central, Entes Autónomos y Servicios
Descentralizados, que tendrá los cometidos que ésta establezca para asegurar una administración eficiente. Establécese la carrera administrativa para los funcionarios presupuestados de la Administración Central, que se declaran inamovibles, sin perjuicio de lo que sobre el particular disponga la ley por mayoría absoluta de votos del total de componentes de cada Cámara y de lo establecido en el inciso 4° de este **Artículo**.
Su destitución solo podrá efectuarse de acuerdo con las reglas establecidas en la presente Constitución. No están comprendidos en la carrera administrativa los funcionarios de carácter político o de particular confianza, estatuidos, con esa calidad, por ley aprobada por mayoría absoluta de votos del total de componentes de cada Cámara, los que serán designados y podrán ser destituidos por el órgano administrativo correspondiente.

Artículo 61. Para los funcionarios de carrera, el Estatuto del Funcionario establecerá las condiciones de ingreso a la Administración, reglamentará el derecho a la permanencia en el cargo, al ascenso, al descanso semanal y al régimen de licencia anual y por enfermedad; las condiciones de la suspensión o del traslado; sus obligaciones funcionales y los recursos administrativos contra las resoluciones que los afecten, sin perjuicio de lo dispuesto en la **Sección** XVII.

Artículo 62. Los Gobiernos Departamentales sancionarán el Estatuto para sus funcionarios, ajustándose a las normas establecidas en los artículos precedentes, y mientras no lo hagan regirán para ellos las disposiciones que la ley establezca para los funcionarios públicos.

A los efectos de declarar la amovilidad de sus funcionarios y de calificar los cargos de carácter político o de particular confianza, se requerirán los tres quintos del total de componentes de la Junta Departamental.

Artículo 63. Los Entes Autónomos comerciales e industriales proyectarán, dentro del año de promulgada la presente Constitución, el Estatuto para los funcionarios de su dependencia, el cual será sometido a la aprobación del Poder Ejecutivo.

Este Estatuto contendrá las disposiciones conducentes a asegurar el normal funcionamiento de los servicios y las reglas de garantía establecidas en los artículos anteriores para los funcionarios, en lo que fuere conciliable con los fines específicos de cada Ente Autónomo.

Artículo 64. La ley, por dos tercios de votos del total de componentes de cada Cámara, podrá establecer normas especiales que por su generalidad o naturaleza sean aplicables a los funcionarios de todos los Gobiernos Departamentales y de todos los Entes Autónomos, o de algunos de ellos, según los casos.

Artículo 65. La ley podrá autorizar que en los Entes Autónomos se constituyan comisiones representativas de los personales respectivos, con fines de colaboración con los Directores para el cumplimiento de las reglas del Estatuto, el estudio del ordenamiento presupuestal, la organización de los servicios, reglamentación del trabajo y aplicación de las medidas disciplinarias. En los servicios públicos administrados directamente o por concesionarios, la ley podrá disponer la formación de órganos competentes para entender en las desinteligencias entre las autoridades de los servicios y sus empleados y obreros; así como los medios y procedimientos que pueda emplear la autoridad pública para mantener la continuidad de los servicios.

Artículo 66. Ninguna investigación parlamentaria o administrativa sobre irregularidades, omisiones o delitos, se considerará concluida mientras el funcionario inculpado no pueda presentar sus descargos y articular su defensa.

Artículo 67. Las jubilaciones generales y seguros sociales se organizarán en forma de garantizar a todos los trabajadores, patronos, empleados y obreros, retiros adecuados y subsidios para los casos de accidentes, enfermedad, invalidez, desocupación forzosa, etc.; y a sus familias, en caso de muerte, la pensión correspondiente. La pensión a la vejez constituye un derecho para el que llegue al límite de la edad productiva, después de larga permanencia en el país y carezca de recursos para subvenir a sus necesidades vitales.

Artículo 68. Queda garantida la libertad de enseñanza. La ley reglamentará la intervención del Estado al solo objeto de mantener la higiene, la moralidad, la seguridad y el orden públicos.
Todo padre o tutor tiene derecho a elegir, para la enseñanza de sus hijos pupilos, los maestros o instituciones que desee.

Artículo 69. Las instituciones de enseñanza privada y las culturales de la misma naturaleza estarán exoneradas de impuestos nacionales y municipales, como subvención por sus servicios.

Artículo 70. Son obligatorias la enseñanza primaria y la enseñanza media, agraria o industrial.
El Estado propenderá al desarrollo de la investigación científica y de la enseñanza técnica.
La ley proveerá lo necesario para la efectividad de estas disposiciones.

Artículo 71. Declárase de utilidad social la gratuidad de la enseñanza oficial primaria, media, superior, industrial y artística y de la educación física; la creación de becas de perfeccionamiento y especialización cultural, científica y obrera, y el establecimiento de bibliotecas populares.
En todas las instituciones docentes se atenderá especialmente la formación del carácter moral y cívico de los alumnos.

Capítulo III

Artículo 72. La enumeración de derechos, deberes y garantías hecha por la Constitución, no excluye los otros que son inherentes a la personalidad humana o se derivan de la forma republicana de gobierno.

Sección III. De la ciudadanía y del sufragio

Capítulo I

Artículo 73. Los ciudadanos de la República Oriental del Uruguay son naturales o legales.

Artículo 74. Ciudadanos naturales son todos los hombres y mujeres nacidos en cualquier punto del territorio de la República. Son también ciudadanos naturales los hijos de padre o madre orientales, cualquiera haya sido el lugar de su nacimiento, por el hecho de avecinarse en el país e inscribirse en el Registro Cívico.

Artículo 75. Tienen derecho a la ciudadanía legal:

A. Los hombres y las mujeres extranjeros de buena conducta, con familia constituida en la República, que poseyendo algún capital en giro o propiedad en el país, o profesando alguna ciencia, arte o industria, tengan tres años de residencia habitual en la República.
B. Los hombres y las mujeres extranjeros de buena conducta, sin familia constituida en la República, que tengan alguna de las cualidades del inciso anterior y cinco años de residencia habitual en el país.
C. Los hombres y las mujeres extranjeros que obtengan gracia especial de la Asamblea General por servicios notables o méritos relevantes.

La prueba de la residencia deberá fundarse indispensablemente en instrumento público o privado de fecha comprobada.
Los derechos inherentes a la ciudadanía legal no podrán ser ejercidos por los extranjeros comprendidos en los incisos A) y B) hasta tres años después del otorgamiento de la respectiva carta.

La existencia de cualesquiera de las causales de suspensión a que se refiere el **Artículo** 80, obstará al otorgamiento de la carta de la ciudadanía.

Artículo 76. Todo ciudadano puede ser llamado a los empleos públicos. Los ciudadanos legales no podrán ser designados sino tres años después de habérseles otorgado la carta de ciudadanía.

No se requerirá la ciudadanía para el desempeño de funciones de profesor en la enseñanza superior.

Capítulo II

Artículo 77. Todo ciudadano es miembro de la soberanía de la Nación; como tal es elector y elegible en los casos y formas que se designarán. El sufragio se ejercerá en la forma que determine la ley pero sobre las bases siguientes:

1. Inscripción obligatoria en el Registro Cívico;
2. Voto secreto y obligatorio. La ley, por mayoría absoluta del total de componentes de cada Cámara, reglamentará el cumplimiento de esta obligación;
3. Representación proporcional integral;
4. Los magistrados judiciales, los miembros del Tribunal de lo Contencioso Administrativo y del Tribunal de Cuentas, los Directores de los Entes Autónomos y de los Servicios Descentralizados, los militares en actividad, cualquiera sea su grado, y los funcionarios policiales de cualquier categoría, deberán abstenerse, bajo pena de destitución e inhabilitación de dos a diez años para ocupar cualquier empleo público, de formar parte de comisiones o clubes políticos, de suscribir manifiestos de Partido, autorizar el uso de su nombre y, en general, ejecutar cualquier otro acto público o privado de carácter político, salvo el voto. No se considerará incluida en estas prohibiciones, la concurrencia de los Directores de los Entes Autónomos y de los Servicios Descentralizados a los organismos de los Partidos que tengan como cometido específico el estudio de problemas de gobierno, legislación y administración. Será competente para conocer y aplicar las penas de estos delitos electorales, la Corte Electoral. La denuncia deberá ser formulada ante ésta por cualquiera de las Cámaras, el Poder Ejecutivo o las autoridades nacionales de los Partidos. Sin

perjuicio de lo dispuesto anteriormente, en todos los casos se pasarán los antecedentes a la justicia ordinaria a los demás efectos a que hubiere lugar;

5. El Presidente de la República y los miembros de la Corte Electoral no podrán formar parte de comisiones o clubes políticos, ni actuar en los organismos directivos de los Partidos, ni intervenir en ninguna forma en la propaganda política de carácter electoral;

6. Todas las corporaciones de carácter electivo que se designen para intervenir en las cuestiones de sufragio, deberán ser elegidas con las garantías consignadas en este **Artículo**;

7. Toda nueva ley de Registro Cívico o de Elecciones, así como toda modificación o interpretación de las vigentes, requerirá dos tercios de votos del total de componentes de cada Cámara. Esta mayoría especial regirá solo para las garantías del sufragio y elección, composición, funciones y procedimientos de la Corte Electoral y corporaciones electorales. Para resolver en materia de gastos, presupuestos y de orden interno de las mismas, bastará la simple mayoría;

8. La ley podrá extender a otras autoridades por dos tercios de votos del total de componentes de cada Cámara, la prohibición de los numerales 4° y 5°;

9. La elección de los miembros de ambas Cámaras del Poder Legislativo y del Presidente y Vicepresidente de la República, así como la de cualquier órgano para cuya Constitución o integración las leyes establezcan el procedimiento de la elección por el Cuerpo Electoral a excepción de los referidos en el inciso tercero de este numeral, se realizará el último domingo del mes de octubre cada cinco años, sin perjuicio de lo dispuesto en los artículos 148 y 151. Las listas de candidatos para ambas Cámaras y para el Presidente y Vicepresidente de la República deberán figurar en una hoja de votación individualizada con el lema de un partido político. La elección de los Intendentes, de los miembros de las Juntas Departamentales y de las demás autoridades locales electivas, se realizará el segundo domingo del mes de mayo del año siguiente al de las elecciones nacionales. Las listas de candidatos para los cargos departamentales deberán figurar en una hoja de votación individualizada con el lema de un partido político;

10. Ningún Legislador ni Intendente que renuncie a su cargo después de incorporado al mismo, tendrá derecho al cobro de ninguna compensación ni

pasividad que pudiera corresponderle en razón del cese de su cargo, hasta cumplido el período completo para el que fue elegido. Esta disposición no comprende a los casos de renuncia por enfermedad debidamente justificada ante Junta Médica, ni a los autorizados expresamente por los tres quintos de votos del total de componentes del Cuerpo a que correspondan, ni a los Intendentes que renuncien tres meses antes de la elección para poder ser candidatos.

11. El Estado velará por asegurar a los Partidos políticos la más amplia libertad. Sin perjuicio de ello, los Partidos deberán:

a) ejercer efectivamente la democracia interna en la elección de sus autoridades;

b) dar la máxima publicidad a sus Cartas Orgánicas y Programas de Principios, en forma tal que el ciudadano pueda conocerlos ampliamente.

12. Los partidos políticos elegirán su candidato a la Presidencia de la República mediante elecciones internas que reglamentará la Ley sancionada por el voto de los dos tercios del total de componentes de cada Cámara. Por idéntica mayoría determinará la forma de elegir el candidato de cada partido a la Vicepresidencia de la República y, mientras dicha Ley no se dicte, se estará a lo que a este respecto resuelvan los órganos partidarios competentes. Esta Ley determinará además, la forma en que se suplirán las vacantes de candidatos a la Presidencia y la Vicepresidencia que se produzcan luego de su elección y antes de la elección nacional.

Artículo 78. Tienen derecho al sufragio, sin necesidad de obtener previamente ciudadanía legal, los hombres y las mujeres extranjeros, de buena conducta, con familia constituida en la República, que poseyendo algún capital en giro o propiedad en el país, o profesando alguna ciencia, arte o industria, tengan residencia habitual de quince años, por lo menos, en la República.

La prueba de la residencia se fundará indispensablemente en instrumento público o privado de fecha comprobada, y si la justificación fuera satisfactoria para la autoridad encargada de juzgarla, el extranjero quedará habilitado para el ejercicio del voto desde que se inscriba en el Registro, Cívico, autorizado por la certificación que, a los efectos, le extenderá aquella misma autoridad.

Capítulo III

Artículo 79. La acumulación de votos para cualquier cargo electivo, con excepción de los de Presidente y Vicepresidente de la República, se hará mediante la utilización del lema del partido político.

La Ley por el voto de los dos tercios del total de componentes de cada Cámara reglamentará esta disposición.

El veinticinco por ciento del total de inscriptos habilitados para votar, podrá interponer, dentro del año de su promulgación, el recurso de referéndum contra las Leyes y ejercer el derecho de iniciativa ante el Poder Legislativo. Estos institutos no son aplicables con respecto a las Leyes que establezcan tributos. Tampoco caben en los casos en que la iniciativa sea privativa del Poder Ejecutivo. Ambos institutos serán reglamentados por Ley, dictada por mayoría absoluta del total de componentes de cada Cámara.

Capítulo IV

Artículo 80. La ciudadanía se suspende:

1. Por ineptitud física o mental que impida obrar libre y reflexivamente.

2. Por la condición de legalmente procesado en causa criminal de que pueda resultar pena de penitenciaría.

3. Por no haber cumplido dieciocho años de edad.

4. Por sentencia que imponga pena de destierro, prisión, penitenciaría o inhabilitación para el ejercicio de derechos políticos durante el tiempo de la condena.

5. Por el ejercicio habitual de actividades moralmente deshonrosas, que determinará la ley sancionada de acuerdo con el numeral 7° del **Artículo** 77.

6. Por formar parte de organizaciones sociales o políticas que, por medio de la violencia, o de propaganda que incitase a la violencia, tiendan a destruir

las bases fundamentales de la nacionalidad. Se consideran tales, a los efectos de esta disposición, las contenidas en las Secciones I y II de la presente Constitución.

7. Por la falta superviniente de buena conducta exigida en el **Artículo** 75.

Estas dos últimas causales solo regirán respecto de los ciudadanos legales. El ejercicio del derecho que otorga el **Artículo** 78 se suspende por las causales enumeradas precedentemente.

Capítulo V

Artículo 81. La nacionalidad no se pierde ni aun por naturalizarse en otro país, bastando simplemente, para recuperar el ejercicio de los derechos de ciudadanía, avecinarse en la República e inscribirse en el Registro Cívico. La ciudadanía legal se pierde por cualquier otra forma de naturalización ulterior.

Sección IV. De la forma de gobierno y sus diferentes poderes

Capítulo único

Artículo 82. La Nación adopta para su Gobierno la forma democrática republicana.
Su soberanía será ejercida directamente por el Cuerpo Electoral en los casos de elección, iniciativa y referéndum, e indirectamente por los Poderes representativos que establece esta Constitución; todo conforme a las reglas expresadas en la misma.

Sección V. Del poder legislativo

Capítulo I

Artículo 83. El Poder Legislativo será ejercido por la Asamblea General.

Artículo 84. Esta se compondrá de dos Cámaras; una de Representantes y otra de Senadores, las que actuarán separada o conjuntamente, según las distintas disposiciones de la presente Constitución.

Artículo 85. A la Asamblea General compete:

1. Formar y mandar publicar los Códigos.
2. Establecer los Tribunales y arreglar la Administración de Justicia y de lo Contencioso-Administrativo.
3. Expedir leyes relativas a la independencia, seguridad, tranquilidad y decoro de la República; protección de todos los derechos individuales y fomento de la ilustración, agricultura, industria, comercio interior y exterior.
4. Establecer las contribuciones necesarias para cubrir los presupuestos, su distribución, el orden de su recaudación e inversión, y suprimir, modificar o aumentar las existentes.
5. Aprobar o reprobar, en todo o en parte, las cuentas que presente el Poder Ejecutivo.
6. Autorizar, a iniciativa del Poder Ejecutivo, la Deuda Pública Nacional, consolidarla, designar sus garantías y reglamentar el crédito público, requiriéndose, en los tres primeros casos, la mayoría absoluta de votos del total de componentes de cada Cámara.
7. Decretar la guerra y aprobar o reprobar por mayoría absoluta de votos del total de componentes de cada Cámara, los tratados de paz, alianza, comercio y las convenciones o contratos de cualquier naturaleza que celebre el Poder Ejecutivo con potencias extranjeras.
8. Designar todos los años la fuerza armada necesaria. Los efectivos militares solo podrán ser aumentados por la mayoría absoluta de votos del total de componentes de cada Cámara.
9. Crear nuevos Departamentos por mayoría de dos tercios de votos del total de componentes de cada Cámara; fijar sus límites; habilitar puertos; establecer aduanas y derechos de exportación e importación aplicándose, en cuanto a estos últimos, lo dispuesto en el **Artículo** 87; así como declarar de interés nacional zonas turísticas, que serán atendidas por el Ministerio respectivo.

10. Justificar el peso, ley y valor de las monedas; fijar el tipo y denominación de las mismas: y arreglar el sistema de pesas y medidas.

11. Permitir o prohibir que entren tropas extranjeras en el territorio de la República, determinando para el primer caso, el tiempo en que deban salir de él. Se exceptúan las fuerzas que entran al solo efecto de rendir honores, cuya entrada será autorizada por el Poder Ejecutivo.

12. Negar o conceder la salida de fuerzas nacionales fuera de la República, señalando, para este caso, el tiempo de su regreso a ella.

13. Crear o suprimir empleos públicos, determinando sus dotaciones o retiros, y aprobar, reprobar o disminuir los presupuestos que presente el Poder Ejecutivo; acordar pensiones y recompensas pecuniarias o de otra clase y decretar honores públicos a los grandes servicios.

14. Conceder indultos por dos tercios de votos del total de componentes de la Asamblea General en reunión de ambas Cámaras, y acordar amnistías en casos extraordinarios, por mayoría absoluta de votos del total de componentes de cada Cámara.

15. Hacer los reglamentos de milicias y determinar el tiempo y número en que deben reunirse.

16. Elegir el lugar en que deban residir las primeras autoridades de la Nación.

17. Conceder monopolios, requiriéndose para ello dos tercios de votos del total de componentes de cada Cámara. Para instituirlos en favor del Estado o de los Gobiernos Departamentales, se requerirá la mayoría absoluta de votos del total de componentes de cada Cámara.

18. Elegir, en reunión de ambas Cámaras, los miembros de la Suprema Corte de Justicia, de la Corte Electoral, del Tribunal de lo Contencioso-Administrativo y del Tribunal de Cuentas, con sujeción a lo dispuesto en las Secciones respectivas.

19. Juzgar políticamente la conducta de los Ministros de Estado, de acuerdo a lo dispuesto en la **Sección** VIII.

20. Interpretar la Constitución, sin perjuicio de la facultad que corresponde a la Suprema Corte de Justicia, de acuerdo con los artículos 256 a 261.

Artículo 86. La creación y supresión de empleos y servicios públicos; la fijación y modificación de dotaciones, así como la autorización para los gastos, se hará mediante las leyes de presupuesto, con sujeción a lo establecido en la **Sección** XIV.

Toda otra ley que signifique gastos para el Tesoro Nacional, deberá indicar los recursos con que serán cubiertos.

Pero la iniciativa para la creación de empleos, de dotaciones o retiros, o sus aumentos, asignación o aumento de pensiones o recompensas pecuniarias, establecimiento o modificación de causales, cómputos o beneficios jubilatorios corresponderá, privativamente, al Poder Ejecutivo.

Artículo 87. Para sancionar impuestos se necesitará el voto conforme de la mayoría absoluta del total de componentes de cada Cámara.

Capítulo II

Artículo 88. La Cámara de Representantes se compondrá de noventa y nueve miembros elegidos directamente por el pueblo, con arreglo a un sistema de representación proporcional en el que se tomen en cuenta los votos emitidos a favor de cada lema en todo el país.

No podrá efectuarse acumulación por sublemas, ni por identidad de listas de candidatos. Corresponderá a cada Departamento, dos Representantes, por lo menos.

El número de Representantes podrá ser modificado por la ley, la que requerirá para su sanción, dos tercios de votos del total de los componentes de cada Cámara.

Artículo 89. Los Representantes durarán cinco años en sus funciones y su elección se efectuará con las garantías y conforme a las normas que para el sufragio se establecen en la **Sección** III.

Artículo 90. Para ser Representante se necesita ciudadanía natural en ejercicio, o legal con cinco años de ejercicio, y, en ambos casos, veinticinco años cumplidos de edad.

Artículo 91. No pueden ser Representantes:

1. El Presidente y el Vicepresidente de la República, los miembros del Poder Judicial, del Tribunal de Cuentas, del Tribunal de lo Contencioso-Administrativo, de la Corte Electoral, de los Consejos o Directorios o los Directores de los Entes Autónomos y de los Servicios Descentralizados, de las Juntas Departamentales, de las Juntas Locales y los Intendentes.

2. Los empleados militares o civiles dependientes de los Poderes Legislativo, Ejecutivo con Judicial, de la Corte Electoral, del Tribunal de lo Contencioso-Administrativo y del de Cuentas, de los Gobiernos Departamentales, de los Entes Autónomos y de los Servicios Descentralizados, por servicios a sueldo, con excepción de los retirados o jubilados. Esta disposición no rige para los que desempeñen cargos universitarios docentes o universitarios técnicos con funciones docentes; pero si el elegido opta por continuar desempeñándolos, será con carácter honorario por el tiempo que dure su mandato. Los militares que renuncien al destino y al sueldo para ingresar al Cuerpo Legislativo, conservarán el grado, pero mientras duren sus funciones legislativas no podrán ser ascendidos, estarán exentos de toda subordinación militar y no se contará el tiempo que permanezcan desempeñando funciones legislativas a los electos de la antigüedad para el ascenso.

Artículo 92. No pueden ser candidatos a Representantes el Presidente de la República, el Vicepresidente de la República y los ciudadanos que hubiesen sustituido a aquél, cuando hayan ejercido la Presidencia por más de un año, continuo o discontinuo. Tampoco podrán serlo los Jueces y Fiscales Letrados, ni los Intendentes, ni los funcionarios policiales en los Departamentos en que desempeñan sus funciones, ni los militares en la región en que tengan mando de fuerza o ejerzan en actividad alguna otra función militar, salvo que renuncien y cesen en sus cargos con tres meses de anticipación al acto electoral.

Para los Consejeros y Directores de los Entes Autónomos y de los Servicios Descentralizados se estará a lo previsto en el **Artículo** 201.

Artículo 93. Compete a la Cámara de Representantes el derecho exclusivo de acusar ante la Cámara de Senadores a los miembros de ambas Cámaras, al Presidente y el Vicepresidente de la República, a los Ministros de Estado, a los miembros de la Suprema Corte de Justicia, del Tribunal de lo Contencioso-Administrativo, del Tribunal de Cuentas y de la Corte Electoral, por violación de la Constitución u otros delitos graves, después de haber conocido sobre ellos a petición de parte o de algunos de sus miembros y declarado haber lugar a la formación de causa.

Capítulo III

Artículo 94. La Cámara de Senadores se compondrá de treinta miembros, elegidos directamente por el pueblo, en una sola circunscripción electoral, conforme con las garantías y las normas que para el sufragio se establecen en la **Sección** III y a lo que expresan los artículos siguientes.
Será integrada, además, con el Vicepresidente de la República, que tendrá voz y voto y ejercerá su Presidencia, y la de la Asamblea General.
Cuando pase a desempeñar definitiva o temporalmente la Presidencia de la República o en caso de vacancia definitiva o temporal de la Vicepresidencia, desempeñará aquellas presidencias el primer titular de la lista más votada del lema más votado y, de repetirse las mismas circunstancias, el titular que le siga en la misma lista. En tales casos se convocará a su suplente, quien se incorporará al Senado.

Artículo 95. Los Senadores serán elegidos por el sistema de representación proporcional integral.

Artículo 96. La distribución de los cargos de Senadores obtenidos por diferentes sublemas dentro del mismo lema partidario, se hará también proporcionalmente al número de votos emitidos a favor de las respectivas listas.

Artículo 97. Los Senadores durarán cinco años en sus funciones.

Artículo 98. Para ser Senador se necesita ciudadanía natural en ejercicio o legal con siete años de ejercicio, y, en ambos casos, treinta años cumplidos de edad.

Artículo 99. Son aplicables a los Senadores las incompatibilidades a que se refiere el **Artículo** 91, con las excepciones en el mismo establecidas.

Artículo 100. No pueden ser candidatos a Senadores los Jueces y Fiscales Letrados, ni los funcionarios policiales, ni los militares con mando de fuerza o en ejercicio de alguna actividad militar, salvo que renuncien y cesen en sus cargos con tres meses de anticipación al acto electoral.

Para los Consejeros y Directores de Entes Autónomos y de los Servicios Descentralizados se estará a lo previsto por el **Artículo** 201.

Artículo 101. El ciudadano que fuere elegido Senador y Representante podrá optar entre uno y otro cargo.

Artículo 102. A la Cámara de Senadores corresponde abrir juicio público a los acusados por la Cámara de Representantes o la Junta Departamental, en su caso, y pronunciar sentencia al solo elceto de separarlos de sus cargos, por dos tercios de votos del total de sus componentes.

Artículo 103. Los acusados, a quienes la Cámara de Senadores haya separado de sus cargos de acuerdo con lo dispuesto en el **Artículo** anterior, quedarán, no obstante, sujetos a juicio conforme a la ley.

Sección VI. De las sesiones de la asamblea general. Disposiciones comunes a ambas cámaras. De la comisión permanente

Capítulo I

Artículo 104. La Asamblea General empezará sus sesiones el primero de marzo de cada año, sesionando hasta el quince de diciembre, o solo hasta el quince de setiembre, en el caso de que haya elecciones, debiendo entonces la nueva Asamblea empezar sus sesiones el quince de febrero siguiente.

La Asamblea General se reunirá en las fechas indicadas sin necesidad de convocatoria especial del Poder Ejecutivo y presidirá sus sesiones y las de la Cámara de Senadores hasta la toma de posesión del Vicepresidente de la República, el primer titular de la lista de Senadores más votada del lema más votado.

Solo por razones graves y urgentes la Asamblea General o cada una de las Cámaras, así como el Poder Ejecutivo, podrán convocar a sesiones extraordinarias para hacer cesar el receso y con el exclusivo objeto de tratar los asuntos que han motivado la convocatoria así como el proyecto de ley declarado de urgente consideración que tuviere a estudio aunque no estuviere incluido en aquélla. Asimismo, el receso quedará automáticamente suspendido para la Cámara que tenga o reciba, durante el transcurso del mismo, para su consideración, un proyecto con declaración de urgente consideración.

La simple convocatoria a sesiones extraordinarias no bastará para hacer cesar el receso de la Asamblea General o de cada una de las Cámaras. Para que el receso se interrumpa, deberán realizarse efectivamente sesiones y la interrupción durará mientras éstas se efectúen.

Capítulo II

Artículo 105. Cada Cámara se gobernará interiormente por el reglamento que se dicte, y, reunidas ambas en Asamblea General, por el que ésta establezca.

Artículo 106. Cada Cámara nombrará su Presidente y Vicepresidentes, a excepción del Presidente de la Cámara de Senadores, respecto al cual regirá lo dispuesto en el **Artículo 94**.

Artículo 107. Cada Cámara nombrará sus Secretarios y el personal de su dependencia, de conformidad con las disposiciones reglamentarias que deberá establecer contemplando las reglas de garantías previstas en los artículos 58 a 66, en lo que corresponda.

Artículo 108. Cada Cámara sancionará dentro de los doce primeros meses de cada Legislatura, sus presupuestos, por tres quintos de votos del total de sus componentes y lo comunicará al Poder Ejecutivo para que los incluya en el Presupuesto Nacional. Estos presupuestos se estructurarán por programas y se les dará, además, amplia difusión pública.

Dentro de los cinco primeros meses de cada período legislativo, podrá, por el mismo quórum, establecer las modificaciones que estime indispensables.

Si vencidos los plazos el presupuesto no hubiera sido aprobado, continuará rigiendo el anterior.

Artículo 109. Ninguna de las Cámaras podrá abrir sus sesiones mientras no esté reunida más de la mitad de sus miembros, y si esto no se hubiera realizado el día que señala la Constitución, la minoría podrá reunirse para compeler a los ausentes bajo las penas que acordare.

Artículo 110. Las Cámaras se comunicarán por escrito entre sí y con los demás Poderes, por medio de sus respectivos Presidentes, y con autorización de un Secretario.

Artículo 111. Las pensiones graciables serán resueltas mediante el voto secreto y requerirán la conformidad de la mayoría absoluta del total de componentes de cada Cámara.

Los reglamentos de cada Cámara podrán establecer el voto secreto para los casos de venias y designaciones.

Capítulo III

Artículo 112. Los Senadores y los Representantes jamás serán responsables por los votos y opiniones que emitan durante el desempeño de sus funciones.

Artículo 113. Ningún Senador o Representante, desde el día de su elección hasta el de su cese, puede ser arrestado, salvo en el caso de delito *infraganti* y entonces se dará cuenta inmediata a la Cámara respectiva, con la información sumaria del hecho.

Artículo 114. Ningún Senador o Representante, desde el día de su elección hasta el de su cese, podrá ser acusado criminalmente, ni aun por delitos comunes que no sean de los detallados en el **Artículo** 93, sino ante su respectiva Cámara, la cual, por dos tercios de votos del total de sus componentes, resolverá si hay lugar a la formación de causa, y, en caso afirmativo, lo declarará suspendido en sus funciones y quedará a disposición del Tribunal competente.

Artículo 115. Cada Cámara puede corregir a cualquiera de sus miembros por desorden de conducta en el desempeño de sus funciones y hasta suspenderlo en el ejercicio de las mismas, por dos tercios de votos del total de sus componentes.
Por igual número de votos podrá removerlo por imposibilidad física o incapacidad mental superviniente a su incorporación, o por actos de conducta que le hicieren indigno de su cargo, después de su proclamación. Bastará la mayoría de votos de presentes para admitir las renuncias voluntarias.

Artículo 116. Las vacantes que por cualquier motivo se produzcan en cada Legislatura, se llenarán por los suplentes designados al tiempo de las elecciones, del modo que expresará la ley, y sin hacerse nueva elección. La ley podrá autorizar también la convocatoria de suplentes por impedimento temporal o licencia de los Legisladores titulares.

Artículo 117. Los Senadores y Representantes serán compensados por sus servicios con una asignación mensual que percibirán durante el término de sus mandatos, sin perjuicio de los descuentos que correspondieran, de acuerdo con el reglamento de la respectiva Cámara, en caso de inasistencias injustificadas a las sesiones de la Cámara que integran o de las comisiones informantes de que forman parte.
Tales descuentos, en todo caso, se fijarán proporcionalmente a la asignación.

La asignación será fijada por dos tercios de votos del total de componentes de la Asamblea General, en reunión de ambas Cámaras, en el último período de cada Legislatura, para los miembros de la siguiente. Dicha compensación les será satisfecha con absoluta independencia del Poder Ejecutivo y fuera de ella, los Legisladores no podrán recibir beneficios económicos de ninguna naturaleza que deriven del ejercicio de su cargo.

Capítulo IV

Artículo 118. Todo Legislador puede pedir a los Ministros de Estado, a la Suprema Corte de Justicia, a la Corte Electoral, al Tribunal de lo Contencioso-Administrativo y al Tribunal de Cuentas, los datos e informes que estime necesarios para llenar su cometido. El pedido se hará por escrito y por intermedio del Presidente de la Cámara respectiva, el que lo trasmitirá de inmediato al órgano que corresponda. Si éste no facilitare los informes dentro del plazo que fijará la ley, el Legislador podrá solicitarlos por intermedio de la Cámara a que pertenezca, estándose a lo que ésta resuelva.
No podrá ser objeto de dicho pedido lo relacionado con la materia y competencia jurisdiccionales del Poder Judicial y del Tribunal de lo Contencioso-Administrativo.

Artículo 119. Cada una de las Cámaras tiene facultad, por resolución de un tercio de votos del total de sus componentes, de hacer venir a Sala a los Ministros de Estado para pedirles y recibir los informes que estime convenientes, ya sea con fines legislativos, de inspección o de fiscalización, sin perjuicio de lo dispuesto en la **Sección** VIII. Cuando los informes se refieran a Entes Autónomos o Servicios Descentralizados, los Ministros podrán requerir la asistencia conjunta de un representante del respectivo Consejo o Directorio.

Artículo 120. Las Cámaras podrán nombrar comisiones parlamentarias de investigación o para suministrar datos con fines legislativos.

Artículo 121. En los casos previstos en los tres artículos anteriores, cualquiera de las Cámaras podrá formular declaraciones, sin perjuicio de lo dispuesto en la **Sección** VIII.

Capítulo V

Artículo 122. Los Senadores y los Representantes, después de incorporados a sus respectivas Cámaras, no podrán recibir empleos rentados de los Poderes del Estado, de los Gobiernos Departamentales, de los Entes Autónomos, de los Servicios Descentralizados o de cualquier otro órgano público ni prestar servicios retribuidos por ellos en cualquier forma, sin consentimiento de la Cámara a que pertenezcan, quedando en todos los casos vacante su representación en el acto de recibir el empleo o de prestar el servicio.

Cuando un Senador sea convocado para ejercer temporalmente la Presidencia de la República y cuando los Senadores y los Representantes sean llamados a desempeñar Ministerios o Subsecretarías de Estado, quedarán suspendidos en sus funciones legislativas, sustituyéndoseles, mientras dure la suspensión, por el suplente correspondiente.

Artículo 123. La función legislativa es también incompatible con el ejercicio de todo otro cargo público electivo, cualquiera sea su naturaleza.

Artículo 124. Los Senadores y los Representantes tampoco podrán durante su mandato:

1. Intervenir como directores, administradores o empleados en empresas que contraten obras o suministros con el Estado, los Gobiernos Departamentales, Entes Autónomos, Servicios Descentralizados o cualquier otro órgano público.
2. Tramitar o dirigir asuntos de terceros ante la Administración Central, Gobiernos Departamentales, Entes Autónomos y Servicios Descentralizados.

La inobservancia de lo preceptuado en este **Artículo** importará la pérdida inmediata del cargo legislativo.

Artículo 125. La incompatibilidad dispuesta por el inciso primero del **Artículo** 122, alcanzará a los Senadores y a los Representantes hasta un año después de la terminación de su mandato, salvo expresa autorización de la Cámara respectiva.

Artículo 126. La ley, por mayoría absoluta de votos del total de componentes de cada Cámara, podrá reglamentar las prohibiciones establecidas en los dos artículos precedentes o establecer otras, así como extenderlas a los integrantes de otros órganos.

Capítulo VI

Artículo 127. Habrá una Comisión Permanente compuesta de cuatro Senadores y siete Representantes elegidos por el sistema proporcional, designados unos y otros, por sus respectivas Cámaras.
Será Presidente de la misma un Senador de la mayoría.
La designación se hará anualmente, dentro de los quince días de la Constitución de la Asamblea General o de la iniciación de cada período de sesiones ordinarias de la Legislatura.

Artículo 128. Al mismo tiempo que se haga esta elección, se hará la de un suplente para cada uno de los once miembros que entre a llenar sus funciones en los casos de enfermedad, muerte u otros que ocurran, de los titulares.

Artículo 129. La Comisión Permanente velará sobre la observancia de la Constitución y de las leyes, haciendo al Poder Ejecutivo las advertencias convenientes al efecto, bajo responsabilidad para ante la Asamblea General actual o siguiente, en su caso.

Artículo 130. Para el caso de que dichas advertencias, hechas hasta por segunda vez, no surtieran efecto, podrá por sí sola, según la importancia o gravedad del asunto, convocar a la Asamblea General.

En el caso de que el Presidente de la República hubiere hecho uso de la facultad otorgada por el **Artículo** 148, inciso 7°, la Comisión Permanente dará cuenta a la Asamblea General al constituirse las nuevas Cámaras o al reiniciar sus funciones las anteriores.

Artículo 131. Ejercerá sus funciones desde la fecha indicada por la Constitución para la iniciación del receso de la Asamblea General, hasta que se reinicien las sesiones ordinarias.

Los asuntos de competencia de la Comisión Permanente que se encuentren a estudio de la Asamblea General o de la Cámara de Senadores en la fecha indicada para la iniciación del receso, pasarán de oficio a conocimiento de aquélla.

No obstante, interrumpido el receso y mientras dure el período de sesiones extraordinarias, la Asamblea General o la Cámara de Senadores podrán, cuando así lo resuelvan, asumir jurisdicción en los asuntos de su competencia que se encuentren a consideración de la Comisión Permanente, previa comunicación a este Cuerpo.

Terminadas las sesiones extraordinarias, los asuntos no resueltos sobre los que hayan asumido jurisdicción la Asamblea General o la Cámara de Senadores, serán remitidos de oficio, por la Mesa respectiva, a la Comisión Permanente. En cada nuevo período de sesiones extraordinarias que se realice durante el receso, la Asamblea General o la Cámara de Senadores, podrán hacer uso de la facultad que les acuerda este **Artículo**.

Terminado el receso los asuntos sin resolución a conocimiento de la Comisión Permanente pasarán de oficio al Cuerpo que corresponda.

No afectará la obligación y la responsabilidad que impone a la Comisión Permanente el **Artículo** 129, la circunstancia de que la Asamblea General o cualquiera de las Cámaras se reúnan en sesiones extraordinarias, ni aun cuando la Asamblea General o cualquiera de las Cámaras se reúnan en sesiones extraordinarias, ni aun cuando la Asamblea General o la Cámara de

Senadores hayan asumido jurisdicción sobre todos los asuntos a consideración de la Comisión Permanente.

Si hubiesen caducado los poderes de los Senadores y Representantes por expiración del plazo constitucional, sin que estuviesen proclamados los Senadores y Representantes electos, o se hubiera hecho uso de la facultad del **Artículo** 148, inciso 7°, la Comisión Permanente en ejercicio continuará en las funciones que en este Capítulo se le confieren, hasta la Constitución de las nuevas Cámaras.

En este caso, al constituirse cada una de las Cámaras, procederá a efectuar la designación de los nuevos miembros de la Comisión Permanente.

Artículo 132. Corresponderá también a la Comisión Permanente, prestar o rehusar su consentimiento en todos los casos en que el Poder Ejecutivo lo necesite, con arreglo a la presente Constitución y la facultad concedida a las Cámaras en los artículos 118 y siguientes, sin perjuicio de lo dispuesto por el numeral 13 del **Artículo** 168.

Sección VII. De la proposición, discusión, sanción y promulgación de las leyes

Capítulo I

Artículo 133. Todo proyecto de ley puede tener su origen en cualquiera de las dos Cámaras, a consecuencia de proposiciones hechas por cualquiera de sus miembros o por el Poder Ejecutivo por medio de sus Ministros, sin perjuicio de lo dispuesto en el inciso 6° del **Artículo** 85 y **Artículo** 86.

Requerirá la iniciativa del Poder Ejecutivo todo proyecto de ley que determine exoneraciones tributarias o que fije salarios mínimos o precios de adquisición a los productos o bienes de la actividad pública o privada.

El Poder Legislativo no podrá aumentar las exoneraciones tributarias ni los mínimos propuestos por el Poder Ejecutivo para salarios y precios ni, tampoco, disminuir los precios máximos propuestos.

Capítulo II

Artículo 134. Si la Cámara en que tuvo principio el proyecto, lo aprueba, lo pasará a la otra para que, discutido en ella, lo apruebe también, lo reforme, adicione o deseche.

Artículo 135. Si cualquiera de las dos Cámaras a quien se remitiese un proyecto de ley, lo devolviese con adiciones u observaciones, y la remitente se conformase con ellas, se lo avisará en contestación, y quedará para pasarlo al Poder Ejecutivo; pero si no las hallare justas, e insistiese en sostener su proyecto tal y cual lo había remitido al principio, podrá en tal caso, por medio de oficio, solicitar la reunión de ambas Cámaras, y, según el resultado de la discusión, se adoptará lo que decidan los dos tercios de sufragios, pudiéndose modificar los proyectos divergentes o, aún, aprobar otro nuevo.

Artículo 136. Si la Cámara a quien fuese remitido el proyecto no tiene reparos que oponerle, lo aprobará, y sin más que avisarlo a la Cámara remitente, lo pasará al Poder Ejecutivo para que lo haga publicar.
Los proyectos de ley no sancionados por una y otra Cámara en la misma Legislatura, se considerarán como iniciados en la Cámara que los sancione ulteriormente.

Artículo 137. Si recibido un proyecto de ley, el Poder Ejecutivo tuviera objeciones que oponer u observaciones que hacer, lo devolverá con ellas a la Asamblea General, dentro del plazo perentorio de diez días.

Artículo 138. Cuando un proyecto de ley fuese devuelto por el Poder Ejecutivo con objeciones u observaciones, totales o parciales, se convocará a la Asamblea General y se estará a lo que decidan los tres quintos de los miembros presentes de cada una de las Cámaras, quienes podrán ajustarse a las observaciones o rechazarlas, manteniendo el proyecto sancionado.

Artículo 139. Transcurridos treinta días de la primera convocatoria sin mediar rechazo expreso de las observaciones del Poder Ejecutivo, las mismas se considerarán aceptadas.

Artículo 140. Si las Cámaras reunidas desaprobaran el proyecto devuelto por el Poder Ejecutivo, quedará sin efecto por entonces, y no podrá ser presentado de nuevo hasta la siguiente Legislatura.

Artículo 141. En todo caso de reconsideración de un proyecto devuelto por el Ejecutivo, las votaciones serán nominales por sí o por no, y tanto los nombres y fundamentos de los sufragantes, como las objeciones u observaciones del Poder Ejecutivo, se publicarán inmediatamente por la prensa.

Artículo 142. Cuando un proyecto hubiese sido desechado al principio por la Cámara a quien la otra se lo remita, quedará sin efecto por entonces, y no podrá ser presentado hasta el siguiente período de la Legislatura.

Capítulo III

Artículo 143. Si el Poder Ejecutivo, a quien se hubiese remitido un proyecto de ley, no tuviese reparo que oponerle, lo avisará inmediatamente, quedando así de hecho sancionado y expedito para ser promulgado sin demora.

Artículo 144. Si el Ejecutivo no devolviese el proyecto, cumplidos los diez días que establece el **Artículo** 137, tendrá fuerza de ley y se cumplirá como tal, reclamándose esto, en caso omiso, por la Cámara remitente.

Artículo 145. Reconsiderado por las Cámaras reunidas un proyecto de ley que hubiese sido devuelto por el Poder Ejecutivo con objeciones u observaciones, si aquéllas lo aprobaron nuevamente, se tendrá por su última sanción, y comunicado al Poder Ejecutivo, lo hará promulgar enseguida sin más reparos.

Capítulo IV

Artículo 146. Sancionada una ley para su promulgación se usará siempre de esta fórmula:

«El Senado y la Cámara de Representantes de la República Oriental del Uruguay, reunidos en Asamblea General, decretan:»

Sección VIII. De las relaciones entre el poder legislativo y el poder ejecutivo

Capítulo único

Artículo 147. Cualquiera de las Cámaras podrá juzgar la gestión de los Ministros de Estado, proponiendo que la Asamblea General, en sesión de ambas Cámaras, declare que se censuran sus actos de administración o de gobierno. Cuando se presenten mociones en tal sentido, la Cámara en la cual se formulen será especialmente convocada, con un término no inferior a cuarenta y ocho horas, para resolver sobre su curso.

Si la moción fuese aprobada por mayoría de presentes, se dará cuenta a la Asamblea General, la que será citada dentro de las cuarenta y ocho horas.

Si en una primera convocatoria de la Asamblea General, no se reúne el número suficiente para sesionar, se practicará una segunda convocatoria y la Asamblea General se considerará constituida con el número de Legisladores que concurra.

Artículo 148. La desaprobación podrá ser individual, plural o colectiva, debiendo ser pronunciada en cualquier caso, por la mayoría absoluta de votos del total de componentes de la Asamblea General, en sesión especial y pública. Sin embargo, podrá optarse por la sesión secreta cuando así lo exijan las circunstancias.

Se entenderá por desaprobación individual la que afecte a un Ministro, por desaprobación plural la que afecte a más de un Ministro, y por desaprobación colectiva la que afecte a la mayoría del Consejo de Ministros. La desaprobación pronunciada conforme a lo dispuesto en los incisos anteriores, determinará la renuncia del Ministro, de los Ministros o del Consejo de Ministros, según los casos.

El Presidente de la República podrá observar el voto de desaprobación cuando sea pronunciado por menos de dos tercios del total de componentes del Cuerpo.

En tal caso la Asamblea General será convocada a sesión especial a celebrarse dentro de los diez días siguientes. Si en una primera convocatoria la Asamblea General no reúne el número de Legisladores necesarios para sesionar, se practicará una segunda convocatoria, no antes de veinticuatro horas ni después de setenta y dos horas de la primera, y si en ésta tampoco tuviera número se considerará revocado el acto de desaprobación.

Si la Asamblea General mantuviera su voto por un número inferior a los tres quintos del total de sus componentes, el Presidente de la República, dentro de las cuarenta y ocho horas siguientes podrá mantener por decisión expresa, al Ministro, a los Ministros o al Consejo de Ministros censurados y disolver las Cámaras.

En tal caso deberá convocar a nueva elección de Senadores y Representantes, la que se efectuará el octavo domingo siguiente a la fecha de la referida decisión.

El mantenimiento del Ministro, Ministros o Consejo de Ministros censurados, la disolución de las Cámaras y la convocatoria a nueva elección, deberá hacerse simultáneamente en el mismo decreto.

En tal caso las Cámaras quedarán suspendidas en sus funciones, pero subsistirá el estatuto y fuero de los Legisladores.

El Presidente de la República no podrá ejercer esa facultad durante los últimos doce meses de su mandato. Durante igual término, la Asamblea General podrá votar la desaprobación con los efectos del apartado tercero del presente **Artículo**, cuando sea pronunciada por dos tercios o más del total de sus componentes.

Tratándose de desaprobación no colectiva, el Presidente de la República no podrá ejercer esa facultad sino una sola vez durante el término de su mandato.

Desde el momento en que el Poder Ejecutivo no dé cumplimiento al decreto de convocatoria a las nuevas elecciones, las Cámaras volverán a reunirse de pleno derecho y recobrarán sus facultades constitucionales como Poder legítimo del Estado y caerá el Consejo de Ministros.

Si a los noventa días de realizada la elección, la Corte Electoral no hubiese proclamado la mayoría de los miembros de cada una de las Cámaras, las Cámaras disueltas también recobrarán sus derechos.

Proclamada la mayoría de los miembros de cada una de las nuevas Cámaras por la Corte Electoral, la Asamblea General se reunirá de pleno derecho dentro del tercer día de efectuada la comunicación respectiva.

La nueva Asamblea General se reunirá sin previa convocatoria del Poder Ejecutivo y simultáneamente cesará la anterior.

Dentro de los quince días de su Constitución la nueva Asamblea General, por mayoría absoluta del total de sus componentes, mantendrá o revocará el voto de desaprobación. Si lo mantuviera caerá el Consejo de Ministros. Las Cámaras elegidas extraordinariamente, completarán el término de duración normal de las cesantes.

Sección IX. Del poder ejecutivo

Capítulo I

Artículo 149. El Poder Ejecutivo será ejercido por el Presidente de la República actuando con el Ministro o Ministros respectivos, o con el Consejo de Ministros, de acuerdo a lo establecido en esta **Sección** y demás disposiciones concordantes.

Artículo 150. Habrá un Vicepresidente, que en todos los casos de vacancia temporal o definitiva de la Presidencia deberá desempeñarla con sus mismas facultades y atribuciones. Si la vacancia fuese definitiva, la desempeñará hasta el término del período de Gobierno.

El Vicepresidente de la República desempeñará la Presidencia de la Asamblea General y de la Cámara de Senadores.

Artículo 151. El Presidente y el Vicepresidente de la República serán elegidos conjunta y directamente por el Cuerpo Electoral, por mayoría absoluta de votantes. Cada partido solo podrá presentar una candidatura a la Presidencia y a la Vicepresidencia de la República. Si en la fecha indicada por el inciso primero del numeral 9° del **Artículo** 77, ninguna de las candidaturas obtuviese la mayoría exigida, se celebrará el último domingo del mes de noviembre del mismo año, una segunda elección entre las dos candidaturas más votadas.

Regirán además las garantías que se establecen para el sufragio en la **Sección** III, considerándose a la República como una sola circunscripción electoral.

Solo podrán ser elegidos los ciudadanos naturales en ejercicio, que tengan treinta y cinco años cumplidos de edad.

Artículo 152. El Presidente y el Vicepresidente durarán cinco años en sus funciones, y para volver a desempeñarlas se requerirá que hayan transcurrido cinco años desde la fecha de su cese.

Esta disposición comprende al Presidente con respecto a la Vicepresidencia y no al Vicepresidente con respecto a la Presidencia, salvo las excepciones de los incisos siguientes.

El Vicepresidente y el ciudadano que hubiesen desempeñado la Presidencia por vacancia definitiva por más de un año, no podrán ser electos para dichos cargos sin que transcurra el mismo plazo establecido en el inciso primero.

Tampoco podrá ser elegido Presidente, el Vicepresidente o el ciudadano que estuviese en el ejercicio de la Presidencia en el término comprendido en los tres meses anteriores a la elección.

Artículo 153. En el caso de vacancia definitiva o temporal de la Presidencia de la República, en razón de licencia, renuncia cese o muerte del Presidente y del Vicepresidente en su caso, deberá desempeñarla el Senador primer titular de la lista más votada del partido político por el cual fueron electos aquellos, que reúna las calidades exigidas por el **Artículo** 151 y no esté impedido por lo dispuesto en el **Artículo** 152. En su defecto, la desempeñará el primer titular de la misma lista en ejercicio del cargo, que reuniese esas calidades si no tuviese dichos impedimentos, y así sucesivamente.

Artículo 154. Las dotaciones del Presidente y del Vicepresidente de la República serán fijadas por ley previamente a cada elección sin que puedan ser alteradas mientras duren en el desempeño del cargo.

Artículo 155. En caso de renuncia, incapacidad permanente, muerte del Presidente y Vicepresidente electos, antes de tomar posesión de los cargos, desempeñarán la Presidencia y la Vicepresidencia de la República, respectivamente, el primer y segundo titular de la lista más votada a la Cámara de Senadores, del partido político por el cual fueron electos el Presidente y el

Vicepresidente, siempre que reúnan las calidades exigidas por el **Artículo** 151, no estuviesen impedidos por lo dispuesto por el **Artículo** 152 y ejercieran el cargo de Senador.

En su defecto, desempeñarán dichos cargos, los demás titulares por el orden de su ubicación en la misma lista en el ejercicio del cargo de Senador, que reuniesen esas calidades si no tuviesen dichos impedimentos.

Artículo 156. Si en la fecha en que deban asumir sus funciones no estuvieran proclamados por la Corte Electoral, el Presidente y el Vicepresidente de la República, o fuera anulada su elección, el Presidente cesante delegará el mando en el Presidente de la Suprema Corte de Justicia, quien actuará hasta que se efectúe la transmisión quedando en tanto suspendido en sus funciones judiciales.

Artículo 157. Cuando el Presidente electo estuviera incapacitado temporalmente para la toma de posesión del cargo o para el ejercicio del mismo, será sustituido por el Vicepresidente, y en su defecto, de acuerdo al procedimiento establecido en el **Artículo** 153 hasta tanto perduren las causas que generaron dicha incapacidad.

Artículo 158. El 1.° de marzo siguiente a la elección, el Presidente y Vicepresidente de la República tomarán posesión de sus cargos haciendo previamente en presencia de ambas Cámaras reunidas en Asamblea General la siguiente declaración: «Yo, N.N., me comprometo por mi honor a desempeñar lealmente el cargo que se me ha confiado y a guardar y defender la Constitución de la República».

Artículo 159. El Presidente de la República tendrá la representación del Estado en el interior y en el exterior.

Capítulo II

Artículo 160. El Consejo de Ministros se integrará con los titulares de los respectivos Ministerios o quienes hagan sus veces, y tendrá competencia privativa en todos los actos de gobierno y administración que planteen en su seno el Presidente de la República o sus Ministros en temas de sus respectivas carteras. Tendrá, asimismo, competencia privativa en los casos previstos en los incisos 7.° (declaratoria de urgencia), 16, 19 y 24 del **Artículo** 168.

Artículo 161. Actuará bajo la presidencia del Presidente de la República quien tendrá voz en las deliberaciones y voto en las resoluciones que será decisivo para los casos de empate, aun cuando éste se hubiera producido por efecto de su propio voto.

El Consejo de Ministros será convocado por el Presidente de la República cuando lo juzgue conveniente o cuando lo soliciten uno o varios Ministros para plantear temas de sus respectivas carteras; y deberá reunirse dentro de las veinticuatro horas siguientes o en la fecha que indique la convocatoria.

Artículo 162. El Consejo celebrará sesión con la concurrencia de la mayoría de sus miembros y se estará a lo que se resuelva por mayoría absoluta de votos de miembros presentes.

Artículo 163. En cualquier momento y por igual mayoría se podrá poner término a una deliberación. La moción que se haga con ese fin no será discutida.

Artículo 164. Todas las resoluciones del Consejo de Ministros podrán ser revocadas por el voto de la mayoría absoluta de sus componentes.

Artículo 165. Las resoluciones que originariamente hubieran sido acordadas por el Presidente de la República con el Ministro o Ministros respectivos, podrán ser revocadas por el Consejo, por mayoría absoluta de presentes.

Artículo 166. El Consejo de Ministros dictará su reglamento interno.

Artículo 167. Cuando un Ministro esté encargado temporariamente de otro Ministerio, en el Consejo de Ministros se le computará un solo voto.

Capítulo III

Artículo 168. Al Presidente de la República, actuando con el Ministro o Ministros respectivos, o con el Consejo de Ministros, corresponde:

1. La conservación del orden y tranquilidad en lo interior, y la seguridad en lo exterior.
2. El mando superior de todas las fuerzas armadas.
3. Dar retiros y arreglar las pensiones de los empleados civiles y militares conforme a las leyes.
4. Publicar y circular, sin demora, todas las leyes que, conforme a la **Sección** VII, se hallen ya en estado de publicar y circular, ejecutarlas, hacerlas ejecutar, expidiendo los reglamentos especiales que sean necesarios para su ejecución.
5. Informar al Poder Legislativo, al inaugurarse las sesiones ordinarias, sobre el estado de la República y las mejoras y reformas que considere dignas de su atención.
6. Poner objeciones o hacer observaciones a los proyectos de ley que le remita el Poder Legislativo, y suspender u oponerse a su promulgación, en la forma prevista en la **Sección** VII.
7. Proponer a las Cámaras proyectos de ley o modificaciones a las leyes anteriormente dictadas. Dichos proyectos podrán ser remitidos con declaratoria de urgente consideración. La declaración de urgencia deberá ser hecha simultáneamente con la remisión de cada proyecto, en cuyo caso deberán ser considerados por el Poder Legislativo dentro de los plazos que a continuación se expresan, y se tendrán por sancionados si dentro de tales plazos no han sido expresamente desechados, ni se ha sancionado un proyecto sustitutivo. Su trámite se ajustará a las siguientes reglas:

a) El Poder Ejecutivo no podrá enviar a la Asamblea General más de un proyecto de ley con declaratoria de urgente consideración simultáneamente, ni enviar un nuevo proyecto en tales condiciones mientras estén corriendo los plazos para la consideración legislativa de otro anteriormente enviado;

b) no podrán merecer esta calificación los proyectos de Presupuesto, ni aquellos para cuya sanción se requiera el voto de tres quintos o dos tercios del total de componentes de cada Cámara;

c) cada Cámara por el voto de los tres quintos del total de sus componentes, podrá dejar sin efecto la declaratoria de urgente consideración, en cuyo caso se aplicarán a partir de ese momento los trámites normales previstos en la **Sección** VII;

d) la Cámara que reciba en primer lugar el proyecto deberá considerarlo dentro de un plazo de cuarenta y cinco días. Vencidos los primeros treinta días, la Cámara será convocada a sesión extraordinaria y permanente para la consideración del proyecto. Una vez vencidos los quince días de tal convocatoria sin que el proyecto hubiere sido expresamente desechado, se reputará aprobado por dicha Cámara en la forma en que lo remitió el Poder Ejecutivo y será comunicado inmediatamente y de oficio a la otra Cámara;

e) la segunda Cámara tendrá treinta días para pronunciarse y si aprobase un texto distinto al remitido por la primera, lo devolverá a ésta, que dispondrá de quince días para su consideración. Vencido este nuevo plazo sin pronunciamiento expreso, el proyecto se remitirá inmediatamente y de oficio a la Asamblea General. Si venciere el plazo de treinta días sin que el proyecto hubiere sido expresamente desechado, se reputará aprobado por dicha Cámara en la forma en que lo remitió el Poder Ejecutivo y será comunicado a éste inmediatamente y de oficio, si así correspondiere, o en la misma forma a la primera Cámara, si ésta hubiere aprobado un texto distinto al del Poder Ejecutivo;

f) la Asamblea General dispondrá de diez días para su consideración. Si venciera este nuevo plazo sin pronunciamiento expreso se tendrá por sancionado el proyecto en la forma en que lo votó la última Cámara que le prestó expresa aprobación;

La Asamblea General, si se pronunciare expresamente, lo hará de conformidad con el **Artículo** 135;

g) cuando un proyecto de ley con declaratoria de urgente consideración fuese desechado por cualquiera de las dos Cámaras, se aplicará lo dispuesto por el **Artículo** 142;

h) el plazo para la consideración por la primera Cámara empezará a correr a partir del día siguiente al del recibo del proyecto por el Poder Legislativo. Cada uno de los plazos ulteriores comenzará a correr automáticamente al vencer el plazo inmediatamente anterior o a partir del día siguiente al del recibo por el órgano correspondiente si hubiese habido aprobación expresa antes del vencimiento del término.

8. Convocar al Poder Legislativo a sesiones extraordinarias con determinación de los asuntos materia de la convocatoria y de acuerdo con lo que se establece en el **Artículo** 104.

9. Proveer los empleos civiles y militares, conforme a la Constitución y a las leyes.

10. Destituir los empleados por ineptitud, omisión o delito, en todos los casos con acuerdo de la Cámara de Senadores o, en su receso, con el de la Comisión Permanente, y en el último, pasando el expediente a la Justicia. Los funcionarios diplomáticos y consulares podrán, además, ser destituidos, previa venia de la Cámara de Senadores, por la comisión de actos que afecten su buen nombre o el prestigio del país y de la representación que invisten. Si la Cámara de Senadores o la Comisión Permanente no dictaran resolución definitiva dentro de los noventa días, el Poder Ejecutivo prescindirá de la venia solicitada, a los efectos de la destitución.

11. Conceder los ascensos militares conforme a las leyes, necesitando, para los de Coronel y demás Oficiales superiores, la venia de la Cámara de Senadores o, en su receso, la de la Comisión Permanente.

12. Nombrar el personal consular y diplomático, con obligación de solicitar el acuerdo de la Cámara de Senadores, o de la Comisión Permanente hallándose aquélla en receso, para los Jefes de Misión. Si la Cámara de Senadores o la Comisión Permanente no dictaran resolución dentro de los sesenta días el Poder Ejecutivo prescindirá de la venia solicitada.

Los cargos de Embajadores y Ministros del servicio exterior serán considerados de particular confianza del Poder Ejecutivo, salvo que la ley dictada con el voto conforme de la mayoría absoluta del total de componentes de cada Cámara disponga lo contrario.

13. Designar al Fiscal de Corte y a los demás Fiscales Letrados de la República, con venia de la Cámara de Senadores o de la Comisión Permanente en su caso, otorgada siempre por tres quintos de votos del total de componentes. La venia no será necesaria para designar al Procurador del Estado en lo Contencioso Administrativo, ni los Fiscales de Gobierno y de Hacienda.

14. Destituir por sí los empleados militares y policiales y los demás que la ley declare amovibles.

15. Recibir Agentes Diplomáticos y autorizar el ejercicio de sus funciones a los Cónsules extranjeros.

16. Decretar la ruptura de relaciones y, previa resolución de la Asamblea General, declarar la guerra, si para evitarla no diesen resultado el arbitraje u otros medios pacíficos.

17. Tomar medidas prontas de seguridad en los casos graves e imprevistos de ataque exterior o conmoción interior, dando cuenta, dentro de las veinticuatro horas a la Asamblea General, en reunión de ambas Cámaras o, en su caso, a la Comisión Permanente, de lo ejecutado y sus motivos, estándose a lo que éstas últimas resuelvan. En cuanto a las personas, las medidas prontas de seguridad solo autorizan a arrestarlas o trasladarlas de un punto a otro del territorio, siempre que no optasen por salir de él. También esta medida, como las otras, deberá someterse, dentro de las veinticuatro horas de adoptada, a la Asamblea General en reunión de ambas Cámaras o, en su caso, a la Comisión Permanente, estándose a su resolución. El arresto no podrá efectuarse en locales destinados a la reclusión de delincuentes.

18. Recaudar las rentas que, conforme a las leyes deban serlo por sus dependencias, y darles el destino que según aquéllas corresponda.

19. Preparar y presentar a la Asamblea General los presupuestos, de acuerdo a lo establecido en la **Sección** XIV, y dar cuenta instruida de la inversión hecha de los anteriores.

20. Concluir y suscribir tratados, necesitando para ratificarlos la aprobación del Poder Legislativo.

21. Conceder privilegios industriales conforme a las leyes.

22. Autorizar o denegar la creación de cualesquier Bancos que hubieran de establecerse.

23. Prestar, a requerimiento del Poder Judicial, el concurso de la fuerza pública.

24. Delegar por resolución fundada y bajo su responsabilidad política las atribuciones que estime convenientes.

25. El Presidente de la República firmará las resoluciones y comunicaciones del Poder Ejecutivo con el Ministro o Ministros a que el asunto corresponda, requisito sin el cual nadie estará obligado a obedecerlas. No obstante el Poder Ejecutivo podrá disponer que determinadas resoluciones se establezcan por acta otorgada con el mismo requisito precedentemente fijado.

26. El Presidente de la República designará libremente un Secretario y un Prosecretario, quienes actuarán como tales en el Consejo de Ministros. Ambos cesarán con el Presidente y podrán ser removidos o reemplazados por éste, en cualquier momento.

Artículo 169. No podrá permitir goce de sueldo por otro título que el de servicio activo, jubilación, retiro o pensión, conforme a las leyes.

Capítulo IV

Artículo 170. El Presidente de la República no podrá salir del territorio nacional por más de cuarenta y ocho horas sin autorización de la Cámara de Senadores.

Artículo 171. El Presidente de la República gozará de las mismas inmunidades y le alcanzarán las mismas incompatibilidades y prohibiciones que a los Senadores y a los Representantes.

Artículo 172. El Presidente de la República no podrá ser acusado, sino en la forma que señala el **Artículo** 93 y aun así, solo durante el ejercicio del cargo o dentro de los seis meses siguientes a la expiración del mismo durante los cuales estará sometido a residencia, salvo autorización para salir del país, concedida por mayoría absoluta de votos del total de componentes de la Asamblea General, en reunión de ambas Cámaras.

Cuando la acusación haya reunido los dos tercios de votos del total de los componentes de la Cámara de Representantes, el Presidente de la República quedará suspendido en el ejercicio de sus funciones.

Capítulo V

Artículo 173. En cada departamento de la República habrá un Jefe de Policía que será designado para el período respectivo por el Poder Ejecutivo, entre ciudadanos que tengan las calidades exigidas para ser Senador. El Poder Ejecutivo podrá separarlo o removerlo cuando lo estime conveniente.

Sección X. De los ministros de estado

Capítulo I

Artículo 174. La Ley por mayoría absoluta de componentes de cada Cámara y a iniciativa del Poder Ejecutivo, determinará el número de Ministerios, su denominación propia y sus atribuciones y competencias en razón de materia, sin perjuicio de lo dispuesto por el **Artículo** 181.

El Presidente de la República actuando en Consejo de Ministros, podrá redistribuir dichas atribuciones y competencias.

El Presidente de la República adjudicará los Ministerios entre ciudadanos que, por contar con apoyo parlamentario, aseguren su permanencia en el cargo.

El Presidente de la República podrá requerir de la Asamblea General un voto de confianza expreso para el Consejo de Ministros. A tal efecto éste comparecerá ante la Asamblea General, la que se pronunciará sin debate, por el voto de la mayoría absoluta del total de sus componentes y dentro de un plazo no mayor de setenta y dos horas que correrá a partir de la recepción de la comunicación del Presidente de la República por la Asamblea General. Si ésta se reuniese dentro del plazo estipulado o, reuniéndose, no adoptase decisión, se entenderá que el voto de confianza ha sido otorgado.

Los Ministros cesarán en sus cargos por resolución del Presidente de la República, sin perjuicio de lo establecido en la **Sección** VIII.

Artículo 175. El Presidente de la República podrá declarar, si así lo entendiese que el Consejo de Ministros carece de respaldo Parlamentario.

Sin perjuicio de lo dispuesto en el **Artículo** 174, esa declaración lo facultará a sustituir uno o más Ministros. Si así lo hiciere, el Poder Ejecutivo podrá sustituir total o parcialmente a los miembros no electivos de los Directorios de los Entes Autónomos y de los Servicios Descentralizados, así como, en su caso, a los Directores Generales de estos últimos, no siendo estas sustituciones impugnables ante el Tribunal de lo Contencioso Administrativo.

El Poder Ejecutivo, actuando en Consejo de Ministros, deberá solicitar la venia de la Cámara de Senadores, de acuerdo con el **Artículo** 187, para designar a los nuevos Directores o, en su caso, Directores Generales. Obtenida la venia, podrá proceder a la sustitución.

Las facultades otorgadas en este **Artículo** no podrán ser ejercidas durante el primer año del mandato del gobierno ni dentro de los doce meses anteriores a la asunción del gobierno siguiente.

Dichas facultades tampoco podrán ejercerse respecto de las autoridades de la Universidad de la República.

Artículo 176. Para ser Ministro se necesitan las mismas calidades que para Senador.

Artículo 177. Al iniciarse cada período legislativo, los Ministros darán cuenta sucinta a la Asamblea General, del estado de todo lo concerniente a sus respectivos Ministerios.

Artículo 178. Los Ministros de Estado gozarán de las mismas inmunidades y les alcanzarán las mismas incompatibilidades y prohibiciones que a los Senadores y Representantes en lo que fuere pertinente.

No podrán ser acusados sino en la forma que señala el **Artículo** 93 y, aun así solo durante el ejercicio del cargo. Cuando la acusación haya reunido los dos tercios de votos del total de componentes de la Cámara de Representantes, el Ministro acusado quedará suspendido en el ejercicio de sus funciones.

Artículo 179. El Ministro o los Ministros serán responsables de los decretos y órdenes que firmen o expidan con el Presidente de la República, salvo el caso de resolución expresa del Consejo de Ministros en el que la responsabilidad será de los que acuerden la decisión, haciéndose efectiva de conformidad con los artículos 93, 102 y 103.

Los Ministros no quedarán exentos de responsabilidad por causa de delitos aunque invoquen la orden escrita o verbal del Presidente de la República o del Consejo de Ministros.

Artículo 180. Los Ministros podrán asistir a las sesiones de la Asamblea General, de cada Cámara, de la Comisión Permanente y de sus respectivas comisiones internas, y tomar parte en sus deliberaciones, pero no tendrán voto. Igual derecho tendrán los Subsecretarios de Estado, previa autorización del Ministro respectivo, salvo en las situaciones previstas en los artículos 119 y 147 en las que podrán asistir acompañando al Ministro. En todo caso, los Subsecretarios de Estado actuarán bajo la responsabilidad de los Ministros.

Artículo 181. Son atribuciones de los Ministros, en sus respectivas carteras y de acuerdo con las leyes y las disposiciones del Poder Ejecutivo:

1. Hacer cumplir la Constitución, las leyes, decretos y resoluciones.
2. Preparar y someter a consideración superior los proyectos de ley, decretos y resoluciones que estimen convenientes.
3. Disponer, en los límites de su competencia, el pago de las deudas reconocidas del Estado.
4. Conceder licencias a los empleados de su dependencia.
5. Proponer el nombramiento o destitución de los empleados de sus reparticiones.
6. Vigilar la gestión administrativa y adoptar las medidas adecuadas para que se efectúe debidamente e imponer penas disciplinarias.
7. Firmar y comunicar las resoluciones del Poder Ejecutivo.
8. Ejercer las demás atribuciones que les cometan las leyes o las disposiciones adoptadas por el Poder Ejecutivo en Consejo de Ministros, sin perjuicio de lo dispuesto en el **Artículo** 160.
9. Delegar a su vez por resolución fundada y bajo su responsabilidad política, las atribuciones que estimen convenientes.

Artículo 182. Las funciones de los Ministros y Subsecretarios serán reglamentadas por el Poder Ejecutivo.

Capítulo II

Artículo 183. Cada Ministerio tendrá un Subsecretario que ingresará con el Ministro, a su propuesta, y cesará con él, salvo nueva designación.

Artículo 184. En caso de licencia de un Ministro, el Presidente de la República designará a quien lo sustituya interinamente, debiendo recaer la designación en otro Ministro o en el Subsecretario de la respectiva Cartera.

Sección XI. De los entes autónomos y de los servicios descentralizados

Capítulo I

Artículo 185. Los diversos servicios del dominio industrial y comercial del Estado serán administrados por Directorios o Directores Generales y tendrán el grado de descentralización que fijen la presente Constitución y las leyes que se dictaron con la conformidad de la mayoría absoluta del total de componentes de cada Cámara.

Los Directorios, cuando fueren rentados, se compondrán de tres o cinco miembros según lo establezca la ley en cada caso.

La ley, por dos tercios de votos del total de componentes de cada Cámara, podrá determinar que los Servicios Descentralizados estén dirigidos por un Director General, designado según el procedimiento del **Artículo** 187.

En la concertación de convenios entre los Consejos o Directorios con Organismos Internacionales, Instituciones o Gobiernos extranjeros, el Poder Ejecutivo señalará los casos que requerirán su aprobación previa, sin perjuicio de las facultades que correspondan al Poder Legislativo, de acuerdo a lo establecido en la **Sección** V.

Artículo 186. Los servicios que a continuación se expresan: Correos y Telégrafos, Administraciones de Aduanas y Puertos y la Salud Pública no podrán ser descentralizados en forma de entes autónomos, aunque la ley podrá concederles el grado de autonomía que sea compatible con el contralor del Poder Ejecutivo.

Artículo 187. Los miembros de los Directorios y los Directores Generales que no sean de carácter electivo, serán designados por el Presidente de la República en acuerdo con el Consejo de Ministros, previa venia de la Cámara de Senadores, otorgada sobre propuesta motivada en las condiciones personales, funcionales y técnicas, por un número de votos equivalente a tres quintos de los componentes elegidos conforme al **Artículo** 94, inciso primero.

Si la venia no fuese otorgada dentro del término de sesenta días de recibida su solicitud, el Poder Ejecutivo podrá formular propuesta nueva, o reiterar su propuesta anterior, y en este último caso deberá obtener el voto conforme de la mayoría absoluta de integrantes del Senado.

La ley por tres quintos de votos del total de componentes de cada Cámara podrá establecer otro sistema de designación.

Artículo 188. Para que la ley pueda admitir capitales privados en la Constitución o ampliación del patrimonio de los Entes Autónomos o de los Servicios Descentralizados, así como para reglamentar la intervención que en tales casos pueda corresponder a los respectivos accionistas en los Directorios, se requerirán los tres quintos de votos del total de los componentes de cada Cámara.

El aporte de los capitales particulares y la representación de los mismos en los Consejos o Directorios nunca serán superiores a los del Estado.

El Estado podrá, asimismo, participar en actividades industriales, agropecuarias o comerciales, de empresas formadas por aportes obreros, cooperativos o capitales privados, cuando concurra para ello el libre consentimiento de la empresa y bajo las condiciones que se convengan previamente entre las partes.

La ley, por mayoría absoluta del total de componentes de cada Cámara, autorizará en cada caso esa participación, asegurando la intervención del Estado en la dirección de la empresa. Sus representantes se regirán por las mismas normas que los Directores de los Entes Autónomos y Servicios Descentralizados.

Artículo 189. Para crear nuevos Entes Autónomos y para suprimir los existentes, se requerirán los dos tercios de votos del total de componentes de cada Cámara.

La ley por tres quintos de votos del total de componentes de cada Cámara, podrá declarar electiva la designación de los miembros de los Directorios, determinando en cada caso las personas o los Cuerpos interesados en el servicio, que han de efectuar esa elección.

Artículo 190. Los Entes Autónomos y los Servicios Descentralizados no podrán realizar negocios extraños al giro que preceptivamente les asignen las leyes, ni disponer de sus recursos para fines ajenos a sus actividades normales.

Artículo 191. Los Entes Autónomos, los Servicios Descentralizados y, en general, todas las administraciones autónomas con patrimonio propio, cualquiera sea su naturaleza jurídica, publicarán periódicamente estados que reflejen claramente su vida financiera. La ley fijará la norma y número anual de los mismos y todos deberán llevar la visación del Tribunal de Cuentas.

Artículo 192. Los miembros de los Directorios o Directores Generales cesarán en sus funciones cuando estén designados o electos, conforme a las normas respectivas, quienes hayan de sucederlos.

Las vacancias definitivas se llenarán por el procedimiento establecido para la provisión inicial de los cargos respectivos, pero la ley podrá establecer que, conjuntamente con los titulares de los cargos electivos, se elijan suplentes que los reemplazarán en caso de vacancia temporal o definitiva.

La ley, dictada por el voto de la mayoría absoluta del total de componentes de cada Cámara, regulará lo correspondiente a las vacancias temporales, sin perjuicio de lo establecido en el inciso anterior.

Podrán ser reelectos o designados para otro Directorio o Dirección General siempre que su gestión no haya merecido observación del Tribunal de Cuentas, emitida por lo menos por cuatro votos conformes de sus miembros.

Artículo 193. Los Directorios o Directores Generales cesantes, deberán rendir cuentas de su gestión al Poder Ejecutivo, previo dictamen del Tribunal de Cuentas, sin perjuicio de las responsabilidades a que hubiere lugar, de acuerdo con lo dispuesto en la **Sección** XIII.

Artículo 194. Las decisiones definitivas de los Entes Autónomos, solo darán lugar a recursos o acciones ante el Tribunal de lo Contencioso-Administrativo o el Poder Judicial, según lo disponga esta Constitución o las leyes, sin perjuicio de lo dispuesto en los artículos 197 y 198.

Artículo 195. Créase el Banco de Previsión Social, con carácter de ente autónomo, con el cometido de coordinar los servicios estatales de previsión social y organizar la seguridad social, ajustándose dentro de las normas que establecerá la ley que deberá dictarse en el plazo de un año.

Sus directores no podrán ser candidatos a ningún cargo electivo hasta transcurrido un período de gobierno desde su cese, siendo de aplicación para el caso lo dispuesto por el **Artículo** 201, inciso tercero.

Artículo 196. Habrá un Banco Central de la República, que estará organizado como ente autónomo y tendrá los cometidos y atribuciones que determine la ley aprobada con el voto de la mayoría absoluta del total de componentes de cada Cámara.

Artículo 197. Cuando el Poder Ejecutivo considere inconveniente o ilegal la gestión o los actos de los Directorios o Directores Generales, podrá hacerles las observaciones que crea pertinentes, así como disponer la suspensión de los actos observados.

En caso de ser desatendidas las observaciones, el Poder Ejecutivo podrá disponer las rectificaciones, los correctivos o remociones que considere del caso, comunicándolos a la Cámara de Senadores, la que en definitiva resolverá. Se aplicará, en lo pertinente, lo dispuesto en los incisos segundo y tercero del **Artículo** 198.

Artículo 198. Lo dispuesto en el **Artículo** precedente es sin perjuicio de la facultad del Poder Ejecutivo de destituir a los miembros de los Directorios o a los Directores Generales con venia de la Cámara de Senadores, en caso de ineptitud, omisión o delito en el ejercicio del cargo o de la comisión de actos que afecten su buen nombre o el prestigio de la institución a que pertenezcan.

Si la Cámara de Senadores, no se expidiera en el término de sesenta días, el Poder Ejecutivo podrá hacer efectiva la destitución.

Cuando lo estime necesario, el Poder Ejecutivo, actuando en Consejo de Ministros, podrá reemplazar a los miembros de Directorios o Directores Generales cuya venia de destitución se solicita, con miembros de Directorios o Directores Generales de otros Entes, con carácter interino y hasta que se produzca el pronunciamiento del Senado.

Las destituciones y remociones previstas en este **Artículo** y en el anterior, no darán derecho a recurso alguno ante el Tribunal de lo Contencioso-Administrativo.

Artículo 199. Para modificar la Carta Orgánica de los Bancos del Estado, se requerirá la mayoría absoluta de votos del total de componentes de cada Cámara.

Artículo 200. Los miembros de los Directorios o Directores Generales de los Entes Autónomos o de los Servicios Descentralizados no podrán ser nombrados para cargos ni aun honorarios, que directa o indirectamente dependan del Instituto de que forman parte. Esta disposición no comprende a los Consejeros o Directores de los servicios de enseñanza, los que podrán ser reelectos como catedráticos o profesores y designados para desempeñar el cargo de Decano o funciones docentes honorarias.

La inhibición durará hasta un año después de haber terminado las funciones que la causen, cualquiera sea el motivo del cese, y se extiende a todo otro cometido, profesional o no, aunque no tenga carácter permanente ni remuneración fija.

Tampoco podrán los miembros de los Directorios o Directores Generales de los Entes Autónomos o de los Servicios Descentralizados, ejercer simultáneamente profesiones o actividades que, directa o indirectamente, se relacionen con la Institución a que pertenecen.

Las disposiciones de los dos incisos anteriores no alcanzan a las funciones docentes.

Artículo 201. Los miembros de los Directorios o Directores Generales de los Entes Autónomos y de los Servicios Descentralizados, para poder ser candidatos a Legisladores, deberán cesar en sus cargos por lo menos doce meses antes de la fecha de la elección.

En estos casos, la sola presentación de la renuncia fundada en esta causal, determinará el cese inmediato del renunciante en sus funciones.

Los Organismos Electorales no registrarán listas en que figuren candidatos que no hayan cumplido con aquel requisito.

Capítulo II

Artículo 202. La Enseñanza Pública Superior, Secundaria, Primaria, Normal, Industrial y Artística, serán regidas por uno o más Consejos Directivos Autónomos.

Los demás servicios docentes del Estado, también estarán a cargo de Consejos Directivos Autónomos, cuando la ley lo determine por dos tercios de votos del total de componentes de cada Cámara.

Los Entes de Enseñanza Pública serán oídos, con fines de asesoramiento, en la elaboración de las leyes relativas a sus servicios, por las Comisiones Parlamentarias. Cada Cámara podrá fijar plazos para que aquéllos se expidan. La ley dispondrá la coordinación de la enseñanza.

Artículo 203. Los Consejos Directivos de los servicios docentes serán designados o electos en la forma que establezca la ley sancionada por la mayoría absoluta de votos del total de componentes de cada Cámara.

El Consejo Directivo de la Universidad de la República será designado por los órganos que la integran, y los Consejos de sus órganos serán electos por docentes, estudiantes y egresados, conforme a lo que establezca la ley sancionada por la mayoría determinada en el inciso anterior.

Artículo 204. Los Consejos Directivos tendrán los cometidos y atribuciones que determinará la ley sancionada por mayoría absoluta de votos del total de componentes de cada Cámara.

Dichos Consejos establecerán el Estatuto de sus funcionarios de conformidad con las bases contenidas en los artículos 58 a 61 y las reglas fundamentales que establezca la ley, respetando la especialización del Ente.

Artículo 205. Serán aplicables, en lo pertinente, a los distintos servicios de enseñanza, los artículos 189, 190, 191, 192, 193, 194,198 (incisos 1 y 2), 200 y 201

Sección XII. Del consejo de economía nacional

Capítulo único

Artículo 206. La ley podrá crear un Consejo de Economía Nacional, con carácter consultivo y honorario, compuesto de representantes de los intereses económicos y profesionales del país. La ley indicará la forma de Constitución y funciones del mismo.

Artículo 207. El Consejo de Economía Nacional se dirigirá a los Poderes Públicos por escrito, pero podrá hacer sostener sus puntos de vista ante las Comisiones Legislativas, por uno o más de sus miembros.

Sección XIII. Del tribunal de cuentas

Capítulo único

Artículo 208. El Tribunal de Cuentas estará compuesto por siete miembros que deberán reunir las mismas calidades exigidas para ser Senador.

Serán designados por la Asamblea General por dos tercios de votos del total de sus componentes. Regirán a su respecto las incompatibilidades establecidas en los artículos 122, 123, 124 y 125. Sus miembros cesarán en sus funciones cuando la Asamblea General, que sustituya a la que los designó, efectúe los nombramientos para el nuevo período.

Podrán ser reelectos y tendrán, cada uno de ellos, tres suplentes para los casos de vacancia, impedimento temporal o licencia de los titulares.

Artículo 209. Los miembros del Tribunal de Cuentas son responsables, ante la Asamblea General, en reunión de ambas Cámaras, por el fiel y exacto cumplimiento de sus funciones. La Asamblea General podrá destituirlos, en caso de ineptitud, omisión o delito, mediando la conformidad de dos tercios de votos del total de sus componentes.

Artículo 210. El Tribunal de Cuentas actuará con autonomía funcional, la que será reglamentada por ley, que proyectará el mismo Tribunal.

También podrá atribuírsele por ley, funciones no especificadas en esta **Sección**.

Artículo 211. Compete al Tribunal de Cuentas:

A. Dictaminar e informar en materia de presupuestos.

B. Intervenir preventivamente en los gastos y los pagos, conforme a las normas reguladores que establecerá la ley y al solo efecto de certificar su legalidad, haciendo, en su caso, las observaciones correspondientes. Si el ordenador respectivo insistiera, lo comunicará al Tribunal sin perjuicio de dar cumplimiento a lo dispuesto.

Si el Tribunal de Cuentas, a su vez, mantuviera sus observaciones, dará noticia circunstanciada a la Asamblea General, o a quien haga sus veces, a sus efectos. En los Gobiernos Departamentales, Entes Autónomos y Servicios Descentralizados, el cometido a que se refiere este inciso podrá ser ejercido con las mismas ulterioridades, por intermedio de los respectivos contadores o funcionarios que hagan sus veces, quienes actuarán en tales cometidos bajo la superintendencia del Tribunal de Cuentas, con sujeción a lo que disponga la ley, la cual podrá hacer extensiva esta regla a otros servicios públicos con administración de fondos.

C. Dictaminar e informar respecto de la rendición de cuentas y gestiones de los órganos del Estado, inclusive Gobiernos Departamentales, Entes Autónomos y Servicios Descentralizados, cualquiera sea su naturaleza, así como también, en cuanto a las acciones correspondientes en caso de responsabilidad, exponiendo las consideraciones y observaciones pertinentes.

D. Presentar a la Asamblea General la memoria anual relativa a la rendición de cuentas establecida en el inciso anterior.

E. Intervenir en todo lo relativo a la gestión financiera de los órganos del Estado, Gobiernos Departamentales, Entes Autónomos y Servicios Descentralizados, y denunciar, ante quien corresponda, todas las irregularidades en el manejo de fondos públicos e infracciones a las leyes de presupuesto y contabilidad.

F. Dictar las ordenanzas de contabilidad, que tendrán fuerza obligatoria para todos los órganos del Estado, Gobiernos Departamentales, Entes Autónomos y Servicios Descentralizados, cualquiera sea su naturaleza.

G. Proyectar sus presupuestos que elevará al Poder Ejecutivo, para ser incluidos en los presupuestos respectivos. El Poder Ejecutivo, con las modificaciones que considere del caso, los elevará al Poder Legislativo, estándose a su resolución.

Artículo 212. El Tribunal de Cuentas tendrá superintendencia en todo lo que corresponda a sus cometidos y con sujeción a lo que establezca su Ley Orgánica, sobre todas las oficinas de contabilidad, recaudación y pagos del Estado, Gobiernos Departamentales, Entes Autónomos y Servicios Descentralizados, cualquiera sea su naturaleza, pudiendo proponer, a quien corresponda, las reformas que creyere convenientes.

Artículo 213. El Tribunal de Cuentas presentará al Poder Ejecutivo el proyecto de Ley de Contabilidad y Administración Financiera, el que lo elevará al Poder Legislativo con las observaciones que le mereciera. Dicho proyecto comprenderá las normas reguladoras de la administración financiera y económica y especialmente la organización de los servicios de contabilidad y recaudación; requisitos con fines de contralor, para la adquisición y enajenación de bienes y contratación que afecten a la Hacienda Pública; para hacer efectiva la intervención preventiva en los ingresos, gastos y pagos; y las responsabilidades y garantías a que quedarán sujetos los funcionarios que intervienen en la gestión del patrimonio del Estado.

Sección XIV. De la hacienda pública

Capítulo I

Artículo 214. El Poder Ejecutivo proyectará con el asesoramiento de la Oficina de Planeamiento y Presupuesto, el Presupuesto Nacional que regirá para su período de Gobierno y lo presentará al Poder Legislativo dentro de los seis primeros meses del ejercicio de su mandato.

El Presupuesto Nacional se proyectará y aprobará con una estructura que contendrá:

A. Los gastos corrientes e inversiones del Estado distribuidos en cada inciso por programa.
B. Los escalafones y sueldos funcionales distribuidos en cada inciso por programa.
C. Los recursos y la estimación de su producido, así como el porcentaje que, sobre el monto total de recursos, corresponderá a los Gobiernos Departamentales. A este efecto, la Comisión Sectorial referida en el **Artículo** 230, asesorará; sobre el porcentaje a fijarse con treinta días de anticipación al vencimiento del plazo establecido en el inciso primero. Si la Oficina de Planeamiento y Presupuesto no compartiere su opinión, igualmente la elevará al Poder Ejecutivo, y éste la comunicará al Poder Legislativo. Los Gobiernos Departamentales remitirán al Poder Legislativo, dentro de los seis meses de vencido el ejercicio anual, una rendición de cuentas de los recursos recibidos por aplicación de este literal, con indicación precisa de los montos y de los destinos aplicados.
D. Las normas para la ejecución e interpretación del presupuesto.

Los apartados precedentes podrán ser objeto de leyes separadas en razón de la materia que comprendan. El Poder Ejecutivo dentro de los seis meses de vencido el ejercicio anual, que, coincidirá con el año civil, presentará al Poder Legislativo la Rendición de Cuentas y el Balance de Ejecución Presupuestal correspondiente a dicho ejercicio, pudiendo proponer las modificaciones que estime indispensables al monto global de gastos, inversiones y sueldos o recursos y efectuar creaciones, supresiones y modificaciones de programas por razones debidamente justificadas.

Artículo 215. El Poder Legislativo se pronunciará exclusivamente sobre montos globales por inciso, programas, objetivos de los mismos, escalafones y número de funcionarios y recursos; no pudiendo efectuar modificaciones que signifiquen mayores gastos que los propuestos.

Artículo 216. Podrá por ley establecerse una **Sección** especial en los presupuestos que comprenda los Gastos Ordinarios permanentes de la Administración cuya revisión periódica no sea indispensable.

No se incluirá ni en los presupuestos ni en las leyes de Rendición de Cuentas, disposiciones cuya vigencia exceda la del mandato de Gobierno ni aquellas que no se refieran exclusivamente a su interpretación o ejecución. Todos los proyectos de presupuestos serán elevados a quien corresponda para su consideración y aprobación, en forma comparativa con los presupuestos vigentes.

Capítulo II

Artículo 217. Cada Cámara deberá pronunciarse sobre los proyectos de presupuestos o leyes de Rendición de Cuentas dentro del término de cuarenta y cinco días de recibidos.

De no haber pronunciamiento en este término el o los proyectos se considerarán rechazados.

Artículo 218. Cuando el proyecto aprobado por una de las Cámaras, fuera modificado por la otra Cámara, la Cámara que originariamente lo aprobó deberá pronunciarse sobre las modificaciones dentro de los quince días siguientes, transcurridos los cuales o rechazadas las modificaciones el proyecto pasará a la Asamblea General.

La Asamblea General deberá pronunciarse dentro de los quince días siguientes.

Si la Asamblea General no se pronunciara dentro de este término los proyectos se tendrán por rechazados.

Artículo 219. Solo se podrán enviar mensajes complementarios o sustitutivos en el caso exclusivo del Proyecto de Presupuesto Nacional y solo dentro de los veinte días a partir de la primera entrada del proyecto a cada Cámara.

Capítulo III

Artículo 220. El Poder Judicial, el Tribunal de lo Contencioso-Administrativo, la Corte Electoral, el Tribunal de Cuentas, los Entes Autónomos y los Servicios Descentralizados, con excepción de los comprendidos en el **Artículo** siguiente, proyectarán sus respectivos presupuestos y los presentarán al Poder Ejecutivo, incorporándolos éste al proyecto de presupuesto. El Poder Ejecutivo podrá modificar los proyectos originarios y someterá éstos y las modificaciones al Poder Legislativo.

Artículo 221. Los presupuestos de los Entes Industriales o Comerciales del Estado serán proyectados por cada uno de éstos y elevados al Poder Ejecutivo y al Tribunal de Cuentas cinco meses antes del comienzo de cada ejercicio, con excepción del siguiente al año electoral, en que podrán ser presentados en cualquier momento. El Tribunal de Cuentas dictaminará dentro de los treinta días de recibidos.

El Poder Ejecutivo con asesoramiento de la Oficina de Planeamiento y Presupuesto podrá observarlo y, en este caso, así como en el que mediasen observaciones del Tribunal de Cuentas lo devolverá al Ente respectivo. Si el Ente aceptase las observaciones del Poder Ejecutivo y el dictamen del Tribunal de Cuentas, devolverá los antecedentes al Poder Ejecutivo para la aprobación del presupuesto y su inclusión con fines informativos en el Presupuesto Nacional.

No mediando la conformidad establecida en el inciso anterior, los proyectos de presupuestos se remitirán a la Asamblea General, con agregación de antecedentes.

La Asamblea General, en reunión de ambas Cámaras, resolverá en cuanto a las discrepancias con sujeción a lo dispuesto en el **Artículo** 215, por el voto de los dos tercios del total de sus componentes. Si no resolviera dentro del término de cuarenta días se tendrá por aprobado el presupuesto, con las observaciones del Poder Ejecutivo.

El dictamen del Tribunal de Cuentas requiere el voto afirmativo de la mayoría de sus miembros.

La ley fijará, previo informe de los referidos Entes y del Tribunal de Cuentas y la opinión del Poder Ejecutivo emitida con el asesoramiento de la Oficina de Planeamiento y Presupuesto, los porcentajes que cada Ente podrá destinar a sueldos y gastos de dirección y de administración.

Capítulo IV

Artículo 222. Se aplicarán al Presupuesto Departamental, en lo pertinente, las disposiciones de los artículos 86, 133, 214, 215, 216 y 219.

Artículo 223. Cada Intendente proyectará el Presupuesto Departamental que regirá para su período de Gobierno y lo someterá a la consideración de la Junta Departamental dentro de los seis primeros meses del ejercicio de su mandato.

Artículo 224. Las Juntas Departamentales considerarán los proyectos de presupuesto preparados por los Intendentes dentro de los cuatro meses de su presentación.

Artículo 225. Las Juntas Departamentales solo podrán modificar los proyectos de presupuestos para aumentar los recursos o disminuir los gastos, no pudiendo prestar aprobación a ningún proyecto que signifique déficit, ni crear empleos por su iniciativa.

Previamente a la sanción del presupuesto, la Junta recabará informes del Tribunal de Cuentas, que se pronunciará dentro de los veinte días, pudiendo únicamente formular observaciones sobre error en el cálculo de los recursos, omisión de obligaciones presupuestales o violación de disposiciones constitucionales o leyes aplicables.

Si la Junta aceptase las observaciones del Tribunal de Cuentas, o no mediaran éstas, sancionará definitivamente el presupuesto.

En ningún caso la Junta podrá introducir otras modificaciones con posterioridad al informe del Tribunal. Si la Junta Departamental no aceptase las observaciones dadas por el Tribunal de Cuentas, el presupuesto se remitirá, con lo actuado, a la Asamblea General, para que en reunión de ambas Cámaras, resuelva las discrepancias dentro del plazo de cuarenta días, y si no recayera, el presupuesto se tendrá por sancionado.

Artículo 226. Vencido el término establecido en el **Artículo** sin que la Junta Departamental hubiese tomado resolución definitiva, se considerará rechazado el proyecto de presupuesto remitido por el Intendente.

Artículo 227. Los presupuestos departamentales declarados antes, se comunicarán al Poder Ejecutivo para su inclusión, a título informativo, en los presupuestos respectivos Tribunal de Cuentas con instrucción a éste de los antecedentes relativos a sus observaciones, cuando las hubiere.

Capítulo V

Artículo 228. La vigilancia en la ejecución de los presupuestos y la función de contralor de toda gestión relativa a Hacienda Pública, será de cargo del Tribunal de cuentas.

Mientras no se aprueben los proyectos de presupuestos, continuarán rigiendo los presupuestos vigentes.

Artículo 229. El Poder Legislativo, las Juntas Departamentales, los Entes Autónomos y Servicios Descentralizados no podrán aprobar presupuestos, crear cargos, determinar aumentos de sueldos y pasividades, ni aprobar aumentos en las Partidas de Jornales y Contrataciones, en los doce meses anteriores a la fecha de las elecciones ordinarias, con excepción de las asignaciones a que se refieren los artículos 117, 154 y 295.

Capítulo VI

Artículo 230. Habrá una Oficina de Planeamiento y Presupuesto que dependerá directamente de la Presidencia de la República. Estará dirigida por una Comisión integrada con representantes de los Ministros vinculados al desarrollo y por un Director designado por el Presidente de la República que la presidirá.

El Director deberá reunir las condiciones necesarias para ser Ministro y ser persona de reconocida competencia en la materia. Su cargo será de particular confianza del Presidente de la República.

La Oficina de Planeamiento y Presupuesto se comunicará directamente con los Ministerios y Organismos Públicos para el cumplimiento de sus funciones.

Formará Comisiones Sectoriales en las que deberán estar representados los trabajadores y las empresas públicas y privadas.

La Oficina de Planeamiento y presupuesto, asistirá al Poder Ejecutivo en la formulación de los Planes y Programas de Desarrollo, así como en la planificación de las políticas de descentralización que serán ejecutadas:

A) Por el Poder Ejecutivo, los Entes Autónomos y los Servicios Descentralizados, respecto de sus correspondientes cometidos.

B) Por los Gobiernos Departamentales respecto de los cometidos que les asignen la Constitución y la Ley. A estos efectos se formará una Comisión Sectorial que estará exclusivamente integrada por delegados del Congreso de Intendentes y de los Ministros competentes, la que propondrá planes de descentralización que previa aprobación por el Poder Ejecutivo, se aplicarán por los organismos que corresponda. Sin perjuicio de ello, la Ley podrá establecer el número de los integrantes, los cometidos y atribuciones de esta Comisión así como reglamentar su funcionamiento.

La Oficina de Planeamiento y Presupuesto tendrá además los cometidos que por otras disposiciones se le asignen expresamente así como los que la ley determine.

Artículo 231. La ley dictada por mayoría absoluta del total de componentes de cada Cámara podrá disponer expropiaciones correspondientes a planes y programas de desarrollo económico, propuestas por el Poder Ejecutivo, mediante una justa indemnización y conforme a las normas del **Artículo** 32.

Artículo 232. Dicha indemnización podrá no ser previa, pero en ese caso la ley deberá establecer expresamente los recursos necesarios para asegurar su pago total en el término establecido, que nunca superará los diez años; la entidad expropiante no podrá tomar posesión del bien sin antes haber pagado efectivamente por lo menos la cuarta parte del total de la indemnización. Los pequeños propietarios, cuyas características determinará la ley, recibirán siempre el total de la indemnización previamente a la toma de posesión del bien.

Sección XV. Del poder judicial

Capítulo I

Artículo 233. El Poder Judicial será ejercido por la Suprema Corte de Justicia y por los Tribunales y Juzgados, en la forma que estableciere la ley.

Capítulo II

Artículo 234. La Suprema Corte de Justicia se compondrá de cinco miembros.

Artículo 235. Para ser miembro de la Suprema Corte de Justicia se requiere:

1. Cuarenta años cumplidos de edad.
2. Ciudadanía natural en ejercicio, o legal con diez años de ejercicio y veinticinco años de residencia en el país.
3. Ser abogado con diez años de antigüedad o haber ejercido con esa calidad la Judicatura o el Ministerio Público o Fiscal por espacio de ocho años.

Artículo 236. Los miembros de la Suprema Corte de Justicia serán designados por la Asamblea General por dos tercios de votos del total de sus componentes. La designación deberá efectuarse dentro de los noventa días de producida la vacancia a cuyo fin la Asamblea General será convocada especialmente. Vencido dicho término sin que se haya realizado la designación, quedará automáticamente designado como miembro de la Suprema Corte de Justicia el miembro de los Tribunales de Apelaciones con mayor antigüedad en tal cargo y a igualdad de antigüedad en tal cargo por el que tenga más años en el ejercicio de la Judicatura o del Ministerio Público o Fiscal. En los casos de vacancia y mientras éstas no sean provistas, y en los de recusación, excusación o impedimento, para el cumplimiento de su función jurisdiccional, la Suprema Corte de Justicia se integrará de oficio en la forma que establezca la ley.

Artículo 237. Los miembros de la Suprema Corte de Justicia durarán diez años en sus cargos sin perjuicio de lo que dispone el **Artículo** 250 y no podrán ser reelectos sin que medien cinco años entre su cese y la reelección.

Artículo 238. Su dotación será fijada por el Poder Legislativo.

Capítulo III

Artículo 239. A la Suprema Corte de Justicia corresponde:

1. Juzgar a todos los infractores de la Constitución, sin excepción alguna; sobre delitos contra Derecho de Gentes y causas de Almirantazgo; en las Cuestiones relativas a tratados, pactos y convenciones con otros Estados; conocer en las causas de los diplomáticos acreditados en la República, en los casos previstos por el Derecho Internacional. Para los asuntos enunciados y para todo otro en que se atribuye a la Suprema Corte jurisdicción originaria será la ley la que disponga sobre las instancias que haya de haber en los juicios, que de cualquier modo serán públicos y tendrán su sentencia definitiva motivada con referencias expresas a la ley que se aplique.
2. Ejercer la superintendencia directiva, correctiva, consultiva y económica sobre los Tribunales, Juzgados y demás dependencias del Poder Judicial.
3. Formular los proyectos de presupuestos del Poder Judicial, y remitirlos en su oportunidad al Poder Ejecutivo para que éste los incorpore a los proyectos de presupuestos respectivos, acompañados de las modificaciones que estime pertinentes.
4. Con aprobación de la Cámara de Senadores o en su receso con la de la Comisión Permanente, nombrar les ciudadanos que han de componer los Tribunales de Apelaciones, ciñendo su designación a los siguientes requisitos:

a) Al voto conforme de tres de sus miembros, para candidatos que pertenezcan a la Judicatura o al Ministerio Público, y b) al voto conforme de cuatro, para candidatos que no tengan las calidades del párrafo anterior.
5. Nombrar a los Jueces Letrados de todos los grados y denominaciones, necesitándose, en cada caso, la mayoría absoluta del total de componentes de la Suprema Corte.

Estos nombramientos tendrán carácter de definitivos desde el momento en que se produzcan, cuando recaigan sobre ciudadanos que ya pertenecían, con antigüedad de dos años, a la Judicatura, al Ministerio Público y Fiscal o a la Justicia de Paz, en destinos que deban ser desempeñados por abogados. Si los mismos funcionarios tuviesen menor antigüedad en sus respectivos cargos serán considerados con carácter de Jueces Letrados interinos, por un período de dos años, a contar desde la fecha de nombramiento, y por el mismo tiempo tendrán ese carácter los ciudadanos que recién ingresen a la Magistratura.

Durante el período de interinato, la Suprema Corte podrá remover en cualquier momento al Juez Letrado interino, por mayoría absoluta del total de sus miembros. Vencido el término del interinato, el nombramiento se considerará confirmado de pleno derecho.

6. Nombrar a los Defensores de Oficio permanentes y a los Jueces de Paz por mayoría absoluta del total de componentes de la Suprema Corte de Justicia.

7. Nombrar, promover y destituir por sí, mediante el voto conforme de cuatro de sus componentes, los empleados del Poder Judicial, conforme a lo dispuesto en los artículos 58 a 66, en lo que corresponda.

8. Cumplir los demás cometidos que le señale la ley.

Artículo 240. En el ejercicio de sus funciones, se comunicará directamente con los otros Poderes del Estado, y su Presidente estará facultado para concurrir a las comisiones parlamentarias, para que con voz y sin voto, participe de sus deliberaciones cuando traten de asuntos que interesen a la Administración de Justicia, pudiendo promover en ellas el andamiento de proyectos de reforma judicial y de los Códigos de Procedimientos.

Capítulo IV

Artículo 241. Habrá los Tribunales de Apelaciones que la ley determine y con las atribuciones que ésta les fije. Cada uno de ellos se compondrá de tres miembros.

Artículo 242. Para ser miembro de un Tribunal de Apelaciones, se requiere:

1. Treinta y cinco años cumplidos de edad.
2. Ciudadanía natural en ejercicio, o legal con siete años de ejercicio.
3. Ser abogado con ocho años de antigüedad o haber ejercido con esa calidad la Judicatura o el Ministerio Público o Fiscal por espacio de seis años.

Artículo 243. Los miembros de los Tribunales de Apelaciones durarán en sus cargos por todo el tiempo de su buen comportamiento hasta el límite dispuesto por el **Artículo** 250.

Capítulo V

Artículo 244. La ley fijará el número de Juzgados Letrados de la República, atendiendo a las exigencias de la más pronta y fácil administración de Justicia, y señalará los lugares de sede de cada uno de ellos, sus atribuciones y el modo de ejercerlas.

Artículo 245. Para ser Juez Letrado, se requiere:

1. Veintiocho años cumplidos de edad.
2. Ciudadanía natural en ejercicio, o legal con cuatro años de ejercicio.
3. Ser abogado con cuatro años de antigüedad o haber pertenecido con esa calidad por espacio de dos años al Ministerio Público o Fiscal o a la Justicia de Paz.

Artículo 246. Los Jueces Letrados con efectividad en el cargo, durarán en sus funciones todo el tiempo de su buena comportación hasta el límite establecido en el **Artículo** 250. No obstante, por razones de buen servicio, la Suprema Corte de Justicia podrá trasladarlos en cualquier tiempo, de cargo o de lugar, o de ambas cosas, con tal que ese traslado se resuelva después de oído el Fiscal de Corte y con sujeción a los siguientes requisitos:

1. Al voto conforme de tres de los miembros de la Suprema Corte en favor del traslado si el nuevo cargo no implica disminución de grado o de remuneración, o de ambos extremos, con respecto al anterior.

2. Al voto conforme de cuatro de sus miembros en favor del traslado, si el nuevo cargo implica disminución de grado o de remuneración, o de ambos extremos, con respecto al anterior.

Capítulo VI

Artículo 247. Para ser Juez de Paz se requiere:

1. Veinticinco años cumplidos de edad.
2. Ciudadanía natural en ejercicio, o legal con dos años de ejercicio.

A las calidades enunciadas, se deberán agregar la de abogado para ser Juez de Paz en el departamento de Montevideo y la de abogado o escribano público para serlo en las Capitales y ciudades de los demás departamentos y en cualquiera otra población de la República, cuyo movimiento judicial así lo exija, a juicio de la Suprema Corte.

Artículo 248. En la República habrá tantos Juzgados de Paz cuantas sean las secciones judiciales en que se divida el territorio de los departamentos.

Artículo 249. Los Jueces de Paz durarán cuatro años en el cargo y podrán ser removidos en cualquier tiempo, si así conviene a los fines del mejor servicio público.

Capítulo VII

Artículo 250. Todo miembro del Poder Judicial cesará en el cargo al cumplir setenta años de edad.

Artículo 251. Los cargos de la Judicatura serán incompatibles con toda otra función pública retribuida, salvo el ejercicio del profesorado en la Enseñanza

Pública Superior en materia jurídica, y con toda otra función pública honoraria permanente, excepto aquellas especialmente conexas con la judicial.

Para desempeñar cualquiera de estas funciones se requerirá previamente la autorización de la Suprema Corte de Justicia, otorgada por mayoría absoluta de votos del total de sus componentes.

Artículo 252. A los magistrados y a todo el personal de empleados pertenecientes a los despachos y oficinas internas de la Suprema Corte, Tribunales y Juzgados, les está prohibido, bajo pena de inmediata destitución, dirigir, defender o tramitar asuntos judiciales, o intervenir, fuera de su obligación funcional, de cualquier modo en ellos, aunque sean de jurisdicción voluntaria. La transgresión será declarada de oficio en cuanto se manifieste. Cesa la prohibición, únicamente cuando se trate de asuntos personales del funcionario o de su cónyuge, hijos y ascendientes. En lo que se refiere al personal de los despachos y oficinas se estará, además, a las excepciones que la ley establezca.

La ley podrá también instituir prohibiciones particulares para los funcionarios o empleados de las dependencias no aludidas por el apartado primero de este **Artículo**.

Capítulo VIII

Artículo 253. La jurisdicción militar queda limitada a los delitos militares y al caso de estado de guerra. Los delitos comunes cometidos por militares en tiempo de paz, cualquiera que sea el lugar donde se cometan, estarán sometidos a la Justicia ordinaria.

Artículo 254. La justicia será gratuita para los declarados pobres con arreglo a la ley. En los pleitos en que tal declaración se hubiere hecho a favor del demandante, el demandado gozará del mismo beneficio hasta la sentencia definitiva, la cual lo consolidará si declara la ligereza culpable del demandante en el ejercicio de su acción.

Artículo 255. No se podrá iniciar ningún pleito en materia civil sin acreditarse previamente que se ha tentado la conciliación ante la Justicia de Paz, salvo las excepciones que estableciere la ley.

Capítulo IX

Artículo 256. Las leyes podrán ser declaradas inconstitucionales por razón de forma o de contenido, de acuerdo con lo que se establece en los artículos siguientes.

Artículo 257. A la Suprema Corte de Justicia le compete el conocimiento y la resolución originaria y exclusiva en la materia; y deberá pronunciarse con los requisitos de las sentencias definitivas.

Artículo 258. La declaración de inconstitucionalidad de una ley y la inaplicabilidad de las disposiciones afectadas por aquélla, podrán solicitarse por todo aquel que se considere lesionado en su interés directo, personal y legítimo:

1. Por vía de acción, que deberá entablar ante la Suprema Corte de Justicia.
2. Por vía de excepción, que podrá oponer en cualquier procedimiento judicial.

El Juez o Tribunal que entendiere en cualquier procedimiento judicial, o el Tribunal de lo Contencioso Administrativo, en su caso, también podrá solicitar de oficio la declaración de inconstitucionalidad de una ley y su inaplicabilidad, antes de dictar resolución.

En este caso y en el previsto por el numeral 2°, se suspenderán los procedimientos, elevándose las actuaciones a la Suprema Corte de Justicia.

Artículo 259. El fallo de la Suprema Corte de Justicia se referirá exclusivamente al caso concreto y solo tendrá electo en los procedimientos en que se haya pronunciado.

Artículo 260. Los decretos de los Gobiernos Departamentales que tengan fuerza de ley en su jurisdicción, podrán también ser declarados inconstitucionales, con sujeción a lo establecido en los artículos anteriores.

Artículo 261. La ley reglamentará los procedimientos pertinentes.

Sección XVI. Del gobierno y de la administración de los departamentos

Capítulo I

Artículo 262. El Gobierno y la Administración de los Departamentos con excepción de los servicios de seguridad pública, serán ejercidos por una Junta Departamental y un Intendente. Tendrán sus sedes en la capital de cada departamento e iniciarán sus funciones sesenta días después de su elección.

Podrá haber una autoridad local en toda población que tenga las condiciones mínimas que fijará la Ley. También podrá haberla, una o más, en la planta urbana de las capitales departamentales y locales, así como los poderes jurídicos de sus órganos, sin perjuicio de los dispuesto en los artículos 273 y 275.

El Intendente, con acuerdo de la Junta Departamental, podrá delegar en las autoridades locales la ejecución de determinados cometidos, en sus respectivas circunscripciones territoriales.

Los Gobiernos Departamentales podrán acordar, entre sí y con el Poder Ejecutivo así como con los Entes Autónomos y los Servicios Descentralizados, la organización y la prestación de servicios y actividades propias o comunes, tanto en sus respectivos territorios como en forma regional o interdepartamental.

Habrá un Congreso de Intendentes, integrado por quienes fueren titulares de ese cargo lo estuvieren ejerciendo, con el fin de coordinar las políticas de los Gobiernos Departamentales. El Congreso, que también podrá celebrar los convenios a que refiere el inciso precedente, se comunicará directamente con los Poderes del gobierno.

Artículo 263. Las Juntas Departamentales se compondrán de treinta y un miembros.

Artículo 264. Para ser miembro de la Junta Departamental se requerirá: dieciocho años cumplidos de edad; ciudadanía natural o legal con tres años de ejercicio, y ser nativo del departamento o estar radicado en él desde tres años antes, por lo menos.

Artículo 265. Los miembros de las Juntas Departamentales durarán cinco años en el ejercicio de sus funciones. Simultáneamente con los titulares se elegirá triple número de suplentes.

Artículo 266. Los Intendentes durarán cinco años en el ejercicio de sus funciones y podrán ser reelectos, por una sola vez, requiriéndose para ser candidatos que renuncien con tres meses de anticipación, por lo menos, a la fecha de las elecciones.

Artículo 267. Para ser Intendente se requerirán las mismas calidades que para ser Senador, necesitándose, además, ser nativo del departamento o estar radicado en él desde tres años antes de la fecha de toma de posesión por lo menos.

Artículo 268. Simultáneamente con el titular del cargo de Intendente, se elegirán cuatro suplentes, que serán llamados por su orden a ejercer las funciones en caso de vacancia del cargo, impedimento temporal o licencia del titular. La no aceptación del cargo por parte de un suplente le hará perder su calidad de tal, excepto que la convocatoria fuese para suplir una vacancia temporal.

Si el cargo de Intendente quedase vacante definitivamente y agotada la lista de suplentes, la Junta Departamental elegirá nuevo titular por mayoría absoluta del total de sus componentes y por el término complementario del período de gobierno en transcurso.

Mientras tanto, o si la vacancia fuera temporal, el cargo será ejercido por el Presidente de la Junta Departamental siempre y cuando cumpliese con lo dispuesto por los artículos 266 y 267 y en su defecto por los Vicepresidentes que reuniesen dichas condiciones.

Si en la fecha en que deba asumir sus funciones no estuviese proclamado el Intendente electo o fuese anulada la elección departamental quedará prorrogado el período del Intendente cesante, hasta que se efectúe la transmisión del mando.

Artículo 269. La ley sancionada con el voto de dos tercios del total de los componentes de cada Cámara podrá modificar el número de miembros de las Juntas Departamentales.

Capítulo II

Artículo 270. Las Juntas Departamentales y los Intendentes serán elegidos directamente por el pueblo, con las garantías y conforme a las normas que para el sufragio establece la **Sección** III.

Artículo 271. Los partidos políticos seleccionarán sus candidatos a Intendente mediante elecciones internas que reglamentará la Ley sancionada por el voto de los dos tercios de componentes de cada Cámara.

Para la elección de Intendente Municipal se acumularán por lema los votos en favor de cada partido político, quedando prohibida la acumulación por sublema.

Corresponderá el cargo de Intendente Municipal al candidato de la lista más votada del partido político más votado.

La Ley, sancionada por la mayoría estipulada en el primer inciso, podrá establecer que cada partido presentará una candidatura única para la Intendencia Municipal.

Artículo 272. Los cargos de miembros de las Juntas Departamentales se distribuirán entre los diversos lemas, proporcionalmente al caudal electoral de cada uno, sin perjuicio de lo establecido en los apartados siguientes.

Si el lema que haya obtenido el cargo de Intendente solo hubiese obtenido la mayoría relativa de sufragios se adjudicará a ese lema la mayoría de los cargos de la Junta Departamental, los que serán distribuidos proporcionalmente entre todas sus listas.

Los demás cargos serán distribuidos por el sistema de la representación proporcional integral, entre los lemas que no hubiesen obtenido representación en la adjudicación anterior.

Capítulo III

Artículo 273. La Junta Departamental ejercerá las funciones legislativas y de contralor en el Gobierno Departamental. Su jurisdicción se extenderá a todo el territorio del departamento. Además de las que la ley determine, serán atribuciones de las Juntas Departamentales:

1. Dictar, a propuesta del Intendente o por su propia iniciativa, los decretos y resoluciones que juzgue necesarios, dentro de su competencia.

2. Sancionar los presupuestos elevados a su consideración por el Intendente, conforme a lo dispuesto en la **Sección** XIV.

3. Crear o fijar, a proposición del Intendente, impuestos, tasas, contribuciones, tarifas y precios de los servicios que presten, mediante el voto de la mayoría absoluta del total de sus componentes.

4. Requerir la intervención del Tribunal de Cuentas para informarse sobre cuestiones relativas a la Hacienda o a la Administración Departamental. El requerimiento deberá formularse siempre que el pedido obtenga un tercio de votos del total de componentes de la Junta.

5. Destituir, a propuesta del Intendente y por mayoría absoluta de votos del total de componentes, los miembros de las Juntas Locales no electivas.

6. Sancionar, por tres quintos del total de sus componentes, dentro de los doce primeros meses de cada período de Gobierno, su Presupuesto de Sueldos y Gastos y remitirlo al Intendente para que lo incluya en el Presupuesto respectivo.

Dentro de los cinco primeros meses de cada año podrán establecer, por tres quintos de votos del total de sus componentes, las modificaciones que estimen indispensables en su Presupuesto de Sueldos y Gastos.

7. Nombrar los empleados de sus dependencias, corregirlos, suspenderlos y destituirlos en los casos de ineptitud, omisión o delito, pasando en este último caso los antecedentes a la Justicia.

8. Otorgar concesiones para servicios públicos, locales o departamentales, a propuesta del Intendente, y por mayoría absoluta de votos del total de sus componentes.

9. Crear, a propuesta del Intendente, nuevas Juntas Locales.

10. Considerar las solicitudes de venia o acuerdo que el Intendente formule.

11. Solicitar directamente del Poder Legislativo modificaciones o ampliaciones de la Ley Orgánica de los Gobiernos Departamentales.

Capítulo IV

Artículo 274. Corresponden al Intendente las funciones ejecutivas y administrativas en el Gobierno Departamental.

Artículo 275. Además de las que la ley determine, sus atribuciones son:

1. Cumplir y hacer cumplir la Constitución y las Leyes.
2. Promulgar y publicar los decretos sancionados por la Junta Departamental, dictando los reglamentos o resoluciones que estime oportuno para su cumplimiento.
3. Preparar el presupuesto y someterlo a la aprobación de la Junta Departamental, todo con sujeción a lo dispuesto en la **Sección** XIV.
4. Proponer a la Junta Departamental, para su aprobación, los impuestos, tasas y contribuciones; fijar los precios por utilización o aprovechamiento de los bienes o servicios departamentales y homologar las tarifas de los servicios públicos a cargo de concesionarios o permisarios.
5. Nombrar los empleados de su dependencia, corregirlos y suspenderlos. Destituirlos en caso de ineptitud, omisión o delito, con autorización de la Junta Departamental, que deberá expedirse dentro de los cuarenta días. De no hacerlo, la destitución se considerará ejecutoriada. En caso de delito, pasará, además, los antecedentes a la Justicia.
6. Presentar proyectos de decretos y resoluciones a la Junta Departamental y observar los que aquélla sancione dentro de los diez días siguientes a la fecha en que se le haya comunicado la sanción.
7. Designar los bienes a expropiarse por causa de necesidad o utilidad públicas, con anuencia de la Junta Departamental.
8. Designar los miembros de la Juntas Locales, con anuencia de la Junta Departamental.
9. Velar por la salud pública y la instrucción primaria, secundaria y preparatoria, industrial y artística, proponiendo a las autoridades competentes los medios adecuados para su mejoramiento.

Artículo 276. Corresponde al Intendente representar al departamento en sus relaciones con los Poderes del Estado o con los demás Gobiernos Departamentales, y en sus contrataciones con órganos oficiales o privados.

Capítulo V

Artículo 277. El Intendente firmará los decretos, las resoluciones y las comunicaciones con el Secretario o el funcionario que designe, requisito sin el cual nadie estará obligado a obedecerlos. No obstante podrá disponer que determinadas resoluciones se establezcan por acta otorgada con los mismos requisitos precedentemente fijados.

El Secretario será nombrado por cada Intendente y cesará con él, salvo nueva designación, pudiendo ser removido o reemplazado transitoriamente en cualquier momento.

Artículo 278. El Intendente podrá atribuir a comisiones especiales la realización de cometidos específicos, delegando las facultades necesarias para su cumplimiento.

Artículo 279. El Intendente determinará la competencia de las direcciones generales de departamento y podrá modificar su denominación.

Artículo 280. Los directores generales de departamento ejercerán los cometidos que el Intendente expresamente delegue en ellos.

Capítulo VI

Artículo 281. Los decretos que sancione la Junta Departamental requerirán, para entrar en vigencia, la previa promulgación por el Intendente Municipal.

Este podrá observar aquéllos que tenga por inconvenientes, pudiendo la Junta Departamental insistir por tres quintos de votos del total de sus componentes, y en ese caso entrarán inmediatamente en vigencia. Si el Intendente Municipal no los devolviese dentro de los diez días de recibidos, se considerarán promulgados y se cumplirán como tales.

No podrán ser observados los presupuestos que hayan llegado a la Asamblea General por el trámite establecido en el **Artículo** 225.

Artículo 282. El Intendente podrá asistir a las sesiones de la Junta Departamental y de sus comisiones internas y tomar parte en sus deliberaciones, pero no tendrá voto.

Artículo 283. Los Intendentes o las Juntas Departamentales podrán reclamar ante la Suprema Corte de Justicia por cualquier lesión que se infiera a la autonomía del departamento, en la forma que establezca la ley.

Artículo 284. Todo miembro de la Junta Departamental puede pedir al Intendente los datos e informes que estime necesarios para llenar su cometido. El pedido será formulado por escrito y por intermedio del Presidente de la Junta Departamental, el que lo remitirá de inmediato al Intendente.

Si éste no facilitara los informes dentro del plazo de veinte días, el miembro de la Junta Departamental podrá solicitarlos por intermedio de la misma.

Artículo 285. La Junta tiene facultad por resolución de la tercera parte de sus miembros, de hacer venir a su Sala al Intendente para pedirle y recibir los informes que estime convenientes ya sea con fines legislativos o de contralor.

El Intendente podrá hacerse acompañar con los funcionarios de sus dependencias que estime necesarios, o hacerse representar por el funcionario de mayor jerarquía de la repartición respectiva.

Salvo cuando el llamado a Sala se funde en el incumplimiento de lo dispuesto en el párrafo 2.° del **Artículo** anterior.

Artículo 286. La Junta Departamental podrá nombrar comisiones de investigación para suministrar datos que considere necesarios para el cumplimiento de sus funciones, quedando obligados el Intendente y las oficinas de su dependencia, a facilitar los datos solicitados.

Capítulo VII

Artículo 287. El número de miembros de las autoridades locales, que podrán ser unipersonales o pluripersonales, su forma de integración en este último caso, así como las calidades exigidas para ser titular de las mismas, serán establecidos por la Ley. Los Intendentes y los miembros de las Juntas Departamentales no podrán integrar las autoridades locales.

Artículo 288. La ley determinará las condiciones para la creación de las Juntas Locales y sus atribuciones, pudiendo, por mayoría absoluta de votos del total de componentes de cada Cámara y por iniciativa del respectivo Gobierno Departamental, ampliar las facultades de gestión de aquéllas, en las poblaciones que, sin ser capital de departamento, cuenten con más de diez mil habitantes u ofrezcan interés nacional para el desarrollo del turismo.

Podrá también, llenando los mismos requisitos, declarar electivas por el Cuerpo Electoral respectivo las Juntas Locales Autónomas.

Capítulo VIII

Artículo 289. Es incompatible, el cargo de Intendente con todo otro cargo o empleo público, excepción hecha de los docentes, o con cualquier situación personal que importe recibir sueldo o retribución por servicios de empresas que contraten con el Gobierno Departamental. El Intendente no podrá contratar con el Gobierno Departamental.

Artículo 290. No podrán formar parte de las Juntas Departamentales y de las Juntas Locales, los empleados de los Gobiernos Departamentales o quienes estén a sueldo o reciban retribución por servicios de empresas privadas que contraten con el Gobierno Departamental.

No podrán tampoco formar parte de aquellos órganos, los funcionarios comprendidos en el inciso 4° del **Artículo** 77.

Artículo 291. Los Intendentes, los miembros de las Juntas Departamentales y de las Juntas Locales, tampoco podrán durante su mandato:

1. Intervenir como directores o administradores en empresas que contraten obras o suministros con el Gobierno Departamental, o con cualquier otro órgano público que tenga relación con el mismo.
2. Tramitar o dirigir asuntos propios o de terceros ante el Gobierno Departamental.

Artículo 292. La inobservancia de lo preceptuado en los artículos precedentes, importará la pérdida inmediata del cargo.

Artículo 293. Son incompatibles los cargos de miembros de las Juntas Locales y Departamentales con el de Intendente, pero esta disposición no comprende a los miembros de la Junta Departamental que sean llamados a desempeñar interinamente el cargo de Intendente. En este caso quedarán suspendidos en sus funciones de miembros de la Junta Departamental, sustituyéndoseles, mientras dure la suspensión, por el suplente correspondiente.

Artículo 294. Los cargos de Intendente y de miembros de Junta Departamental, son incompatibles con el ejercicio de otra función pública electiva, cualquiera sea su naturaleza.

Capítulo IX

Artículo 295. Los cargos de miembros de Juntas Departamentales y de Juntas Locales serán honorarios. Los Intendentes percibirán la remuneración que les fije la Junta Departamental con anterioridad a su elección. Su monto no podrá ser alterado durante el término de sus mandatos.

Artículo 296. Los Intendentes y los miembros de la Junta Departamental podrán ser acusados ante la Cámara de Senadores por un tercio de votos del total de componentes de dicha Junta por los motivos previstos en el **Artículo** 93.

La Cámara de Senadores podrá separarlos de sus destinos por dos tercios de votos del total de sus componentes.

Capítulo X

Artículo 297. Serán fuentes de recursos de los Gobiernos Departamentales, decretados y administrados por éstos:

1. Los impuestos sobre la propiedad inmueble, urbana y suburbana, situada dentro de los límites de su jurisdicción, con excepción, en todos los casos, de los adicionales nacionales establecidos o que se establecieren.

Los impuestos sobre la propiedad inmueble rural serán fijados por el Poder Legislativo, pero su recaudación y la totalidad de su producido, excepto el de los adicionales establecidos o que se establecieren, corresponderá a los Gobiernos Departamentales respectivos. La cuantía de los impuestos adicionales nacionales, no podrán superar el monto de los impuestos con destino departamental.
2. El impuesto a los baldíos y a la edificación inapropiada en las zonas urbanas y suburbanas de las ciudades, villas, pueblos y centros poblados.
3. Los impuestos establecidos con destino a los Gobiernos Departamentales y los que se creen por ley en lo futuro con igual finalidad sobre fuentes no enumeradas en este **Artículo**.
4. Las contribuciones por mejoras a los inmuebles beneficiados por obras públicas departamentales.
5. Las tasas, tarifas y precios por utilización, aprovechamiento o beneficios obtenidos por servicios prestados por el Gobierno Departamental, y las contribuciones a cargo de las empresas concesionarias de servicios exclusivamente departamentales.

6. Los impuestos a los espectáculos públicos con excepción de los establecidos por ley con destinos especiales mientras no sean derogados, y a los vehículos de transporte.

7. Los impuestos a la propaganda y avisos de todas clases. Están exceptuados la propaganda y los avisos de la prensa radial, escrita y televisada, los de carácter político, religioso, gremial, cultural o deportivo, y todos aquellos que la ley determine por mayoría absoluta de votos del total de componentes de cada Cámara.

8. Los beneficios de la explotación de los juegos de azar, que les hubiere autorizado o les autorice la ley, en la forma y condiciones que ésta determine.

9. Los impuestos a los juegos de carreras de caballos y demás competencias en que se efectúen apuestas mutuas, con excepción de los establecidos por ley, mientras no sean derogados.

10. El producido de las multas:

a) que el Gobierno Departamental haya establecido mientras no sean derogadas, o estableciere según sus facultades;

b) que las leyes vigentes hayan establecido con destino a los Gobiernos Departamentales;

c) que se establecieran por nuevas leyes, con destino a los Gobiernos Departamentales.

11. Las rentas de los bienes de propiedad del Gobierno Departamental y el producto de las ventas de éstos.

12. Las donaciones, herencias y legados que se le hicieren y aceptaren.

13. La cuota parte del porcentaje que, sobre el monto total de los recursos del Presupuesto Nacional, fijará la Ley Presupuestal.

Artículo 298. La ley, que requerirá la iniciativa del Poder Ejecutivo y por el voto de la mayoría absoluta de cada Cámara, podrá:

1. Sin recurrir en superposiciones impositivas, extender la esfera de aplicación de los tributos departamentales, así como ampliar las fuentes sobre las cuales éstos podrán recaer.

2. Destinar al desarrollo del interior del país y a la ejecución de las políticas de descentralización, una alícuota de los tributos nacionales recaudados fuera del departamento de Montevideo. Con su producido se formará un fondo presupuestal, afectado al financiamiento de los programas y planes a que refiere el inciso quinto del **Artículo** 230.

Dicha alícuota deberá ser propuesta preceptivamente en el Presupuesto Nacional.

3. Exonerar temporariamente de tributos nacionales, así como rebajar sus alícuotas, a las empresas que se instalaren en el interior del país.

Artículo 299. Los decretos de los Gobiernos Departamentales creando o modificando impuestos, no serán obligatorios, sino después de diez días de publicados en el «Diario Oficial», y se insertarán en el Registro Nacional de Leyes y Decretos en una **Sección** especial.

Deberán publicarse, además, por lo menos, en dos periódicos del departamento.

Artículo 300. El Poder Ejecutivo podrá apelar ante la Cámara de Representantes dentro de los quince días de publicados en el «Diario Oficial», fundándose en razones de interés general, los decretos de los Gobiernos Departamentales que crean o modifican impuestos. Esta apelación tendrá efecto suspensivo. Si transcurridos sesenta días después de recibidos los antecedentes por la Cámara de Representantes, ésta no resolviera la apelación, el recurso se tendrá por no interpuesto.

La Cámara de Representantes dentro de los quince días siguientes a la fecha en que se dé cuenta de la apelación, podrá solicitar por una sola vez, antecedentes complementarios, quedando, en este caso, interrumpido el término hasta que éstos sean recibidos.

El receso de la Cámara de Representantes interrumpe los plazos fijados precedentemente.

Artículo 301. Los Gobiernos Departamentales no podrán emitir títulos de Deuda Pública Departamental, ni concertar préstamos ni empréstitos con organismos internacionales o instituciones o gobiernos extranjeros, sino a propuesta del Intendente, aprobada por la Junta Departamental, previo informe del Tribunal de Cuentas y con la anuencia del Poder Legislativo, otorgada por mayoría absoluta del total de componentes de la Asamblea General, en reunión de ambas Cámaras, dentro de un término de sesenta días, pasado el cual se entenderá acordada dicha anuencia.

Para contratar otro tipo de préstamos, se requerirá la iniciativa del Intendente y la aprobación de la mayoría absoluta de votos del total de componentes de la Junta Departamental, previo informe del Tribunal de Cuentas. Si el plazo de los préstamos, excediera el período de gobierno del Intendente proponente, se requerirá para su aprobación, los dos tercios de votos del total de componentes de la Junta Departamental.

Artículo 302. Todo superávit deberá ser íntegramente aplicado a amortizaciones extraordinarias de las obligaciones departamentales.

Si dichas obligaciones no existiesen, se aplicará a la ejecución de obras públicas o inversiones remuneradoras, debiendo ser adoptada la resolución por la Junta Departamental, a propuesta del Intendente y previo informe del Tribunal de Cuentas.

Capítulo XI

Artículo 303. Los decretos de la Junta Departamental y las resoluciones del Intendente Municipal contrarios a la Constitución y a las leyes, no susceptibles de ser impugnados ante el Tribunal de lo Contencioso Administrativo, serán apelables para ante la Cámara de Representantes dentro de los quince días de su promulgación, por un tercio del total de miembros de la Junta Departamental o por mil ciudadanos inscriptos en el Departamento. En este último caso, y cuando el decreto apelado tenga por objeto el aumento de las rentas departamentales, la apelación no tendrá efecto suspensivo.

Si transcurridos sesenta días después de recibidos los antecedentes por la Cámara de Representantes, ésta no resolviera la apelación, el recurso se tendrá por no interpuesto. La Cámara de Representantes dentro de los quince días siguientes a la fecha en que se dé cuenta de la apelación, podrá solicitar por una sola vez, antecedentes complementarios, quedando, en este caso, interrumpido el término hasta que éstos sean recibidos.

El receso de la Cámara de Representantes interrumpe los plazos fijados precedentemente.

Capítulo XII

Artículo 304. La ley, por mayoría absoluta de votos del total de componentes de cada Cámara, reglamentará el referéndum como recurso contra los decretos de las Juntas Departamentales. También podrá la ley, por mayoría absoluta de votos del total de componentes de cada Cámara, instituir y reglamentar la iniciativa popular en materia de Gobierno Departamental.

Artículo 305. El quince por ciento de los inscriptos residentes en una localidad o circunscripción que determine la ley, tendrá el derecho de iniciativa ante los órganos del Gobierno Departamental en asuntos de dicha jurisdicción.

Artículo 306. La fuerza pública prestará su concurso a las Juntas e Intendentes Municipales y a las Juntas Locales, siempre que lo requieran para el cumplimiento de sus funciones.

Sección XVII. De lo contencioso administrativo

Capítulo I

Artículo 307. Habrá un Tribunal de lo Contencioso-Administrativo, el que estará compuesto de cinco miembros. En los casos de vacancias y mientras éstas no sean provistas, y en los de recusación, excusación o impedimento para el cumplimiento de su función jurisdiccional, se integrará de oficio en la forma que establezca la ley.

Artículo 308. Las calidades necesarias para ser miembro de este Tribunal, la forma de su designación, las prohibiciones e incompatibilidades, la dotación y duración del cargo, serán las determinadas para los miembros de la Suprema Corte de Justicia.

Capítulo II

Artículo 309. El Tribunal de lo Contencioso Administrativo conocerá de las demandas de nulidad de actos administrativos definitivos, cumplidos por la Administración, en el ejercicio de sus funciones, contrarios a una regla de derecho o con desviación de poder.

La jurisdicción del Tribunal comprenderá también los actos administrativos definitivos emanados de los demás órganos del Estado, de los Gobiernos Departamentales, de los Entes Autónomos y de los Servicios Descentralizados.

La acción de nulidad solo podrá ejercitarse por el titular de un derecho o de un interés directo, personal y legítimo, violado o lesionado por el acto administrativo.

Artículo 310. El Tribunal se limitará a apreciar el acto en sí mismo, confirmándolo o anulándolo, sin reformarlo. Para dictar resolución, deberán concurrir todos los miembros del Tribunal, pero bastará la simple mayoría para declarar la nulidad del acto impugnado por lesión de un derecho subjetivo.

En los demás casos, para pronunciar la nulidad del acto, se requerirán cuatro votos conformes. Sin embargo, el Tribunal reservará a la parte demandante, la acción de reparación, si tres votos conformes declaran suficientemente justificada la causal de nulidad invocada.

Artículo 311. Cuando el Tribunal de lo Contencioso-Administrativo declare la nulidad del acto administrativo impugnado por causar lesión a un derecho subjetivo del demandante, la decisión tendrá efecto únicamente en el proceso en que se dicte.

Cuando la decisión declare la nulidad del acto en interés de la regla de derecho o de la buena administración, producirá efectos generales y absolutos.

Artículo 312. La acción de reparación de los daños causados por los actos administrativos a que se refiere el **Artículo** 309 se interpondrá ante la jurisdicción que la Ley determine y solo podrá ejercitarse por quienes tuvieren legitimación activa para demandar la anulación del acto de que se tratare.

El actor podrá optar entre pedir la anulación del acto o la reparación ante la sede correspondiente. No podrá, en cambio, pedir la anulación si hubiere optado primero por la acción reparatoria, cualquiera fuere el contenido de la sentencia respectiva. Si la sentencia del Tribunal fuere confirmatoria, pero se declara suficientemente justificada la causal de nulidad invocada, también podrá demandarse la reparación.

Artículo 313. El Tribunal entenderá, además, en las contiendas de competencia fundadas en la legislación y en las diferencias que se susciten entre el Poder Ejecutivo, los Gobiernos Departamentales, los Entes Autónomos y los Servicios

Descentralizados, y, también, en las contiendas o diferencias entre uno y otro de estos órganos.

También entenderá en las contiendas o diferencias que se produzcan entre los miembros de las Juntas

Departamentales, Directorios o Consejos de los Entes Autónomos o Servicios Descentralizados, siempre que no hayan podido ser resueltas por el procedimiento normal de la formación de la voluntad del órgano.

De toda contienda fundada en la Constitución entenderá la Suprema Corte de Justicia.

Capítulo III

Artículo 314. Habrá un Procurador del Estado en lo Contencioso-Administrativo, nombrado por el Poder Ejecutivo.

Las calidades necesarias para desempeñar este cargo, las prohibiciones e incompatibilidades, así como la duración y dotación, serán las determinadas para los miembros del Tribunal de lo Contencioso Administrativo.

Artículo 315. El Procurador del Estado en lo Contencioso-Administrativo será necesariamente oído, en último término, en todos los asuntos de la jurisdicción del Tribunal.

El Procurador del Estado en lo Contencioso-Administrativo es independiente en el ejercicio de sus funciones.

Puede, en consecuencia, dictaminar según su convicción, estableciendo las conclusiones que crea arregladas a derecho.

Artículo 316. La autoridad demandada podrá hacerse representar o asesorar por quien crea conveniente.

Capítulo IV

Artículo 317. Los actos administrativos pueden ser impugnados con el recurso de revocación, ante la misma autoridad que los haya cumplido, dentro del término de diez días, a contar del día siguiente de su notificación personal, si correspondiere, o de su publicación en el «Diario Oficial».

Cuando el acto administrativo haya sido cumplido por una autoridad sometida a jerarquías, podrá ser impugnado, además, con el recurso jerárquico, el que deberá interponerse conjuntamente y en forma subsidiaria, al recurso de revocación.

Cuando el acto administrativo provenga de una autoridad que según su estatuto jurídico esté sometida a tutela administrativa, podrá ser impugnado por las mismas causas de nulidad previstas en el **Artículo** 309, mediante recurso de anulación para ante el Poder Ejecutivo, el que deberá interponerse conjuntamente y en forma subsidiaria al recurso de revocación.

Cuando el acto emane de un órgano de los Gobiernos Departamentales, se podrá impugnar con los recursos de reposición y apelación en la forma que determine la ley.

Artículo 318. Toda autoridad administrativa está obligada a decidir sobre cualquier petición que le formule el titular de un interés legítimo en la ejecución de un determinado acto administrativo, y a resolver los recursos administrativos que se interpongan contra sus decisiones, previos los trámites que correspondan para la debida instrucción del asunto, dentro del término de ciento veinte días, a contar de la fecha de cumplimiento del último acto que ordene la ley o el reglamento aplicable.

Se entenderá desechada la petición o rechazado el recurso administrativo, si la autoridad no resolviera dentro del término indicado.

Artículo 319. La acción de nulidad ante el Tribunal de lo Contencioso-Administrativo, no podrá ejercitarse si antes no se ha agotado la vía administrativa, mediante los recursos correspondientes.

La acción de nulidad deberá interponerse, so pena de caducidad, dentro de los términos que en cada caso determine la ley.

Capítulo V

Artículo 320. La ley podrá, por tres quintos de votos del total de componentes de cada Cámara, crear órganos inferiores dentro de la jurisdicción contencioso-administrativa.

Estos órganos serán designados por el Tribunal de lo Contencioso-Administrativo, conforme a lo que disponga la ley sobre la base de las disposiciones que se establecen para el Poder Judicial y estarán sometidos a su superintendencia directiva, correccional, consultiva y económica.

Artículo 321. El Tribunal de lo Contencioso-Administrativo proyectará sus presupuestos y los remitirá, en su oportunidad, al Poder Ejecutivo para que éste los incorpore a los respectivos proyectos de presupuestos, acompañándolos de las modificaciones que estime pertinentes.

Sección XVIII. De la justicia electoral

Capítulo único

Artículo 322. Habrá una Corte Electoral que tendrá las siguientes facultades, además de las que se establecen en la **Sección** III y las que le señale la ley:

A. Conocer en todo lo relacionado con los actos y procedimientos electorales.
B. Ejercer la superintendencia directiva, correccional, consultiva y económica sobre los órganos electorales.
C. Decidir en última instancia sobre todas las apelaciones y reclamos que se produzcan, y ser juez de las elecciones de todos los cargos electivos, de los actos de plebiscito y referéndum.

Artículo 323. En materia presupuestal y financiera, se estará lo que se dispone en la **Sección** XIV.

Artículo 324. La Corte Electoral se compondrá de nueve titulares que tendrán doble número de suplentes. Cinco titulares y sus suplentes serán designados por la Asamblea General en reunión de ambas Cámaras por dos tercios de votos del total de sus componentes, debiendo ser ciudadanos que, por su posición en la escena política, sean garantía de imparcialidad.

Los cuatro titulares restantes, representantes de los Partidos, serán elegidos por la Asamblea General, por doble voto simultáneo de acuerdo a un sistema de representación proporcional.

Artículo 325. Los miembros de la Corte Electoral no podrán ser candidatos a ningún cargo que requiera la elección por el Cuerpo Electoral, salvo que renuncien y cesen en sus funciones por lo menos seis meses antes de la fecha de aquélla.

Artículo 326. Las resoluciones de la Corte Electoral se adoptarán por mayoría de votos y deberán contar, para ser válidas, por lo menos con el voto afirmativo de tres de los cinco miembros a que se refiere el inciso 1.° del **Artículo** 324, salvo que se adopten por dos tercios de votos del total de sus componentes.

Artículo 327. La Corte Electoral podrá anular total o parcialmente las elecciones, requiriéndose para ello el voto conforme de seis de sus miembros, de los cuales tres, por lo menos, deberán ser de los miembros elegidos por dos tercios de votos de la Asamblea General.

En tal caso deberá convocar a una nueva elección —total o parcial— la que se efectuará el segundo domingo siguiente a la fecha del pronunciamiento de nulidad.

Artículo 328. La Corte Electoral se comunicará directamente con los Poderes Públicos.

Sección XIX. De la observancia de las leyes anteriores. Del cumplimiento y de la reforma de la presente constitución

Capítulo I

Artículo 329. Decláranse en su fuerza y vigor las leyes que hasta aquí han regido en todas las materias y puntos que directa o indirectamente no se opongan a esta Constitución ni a las leyes que expida el Poder Legislativo.

Capítulo II

Artículo 330. El que atentare o prestare medios para atentar contra la presente Constitución después de sancionada y publicada, será reputado, juzgado y castigado como reo de lesa Nación.

Capítulo III

Artículo 331. La presente Constitución podrá ser reformada, total o parcialmente, conforme a los siguientes procedimientos:

A. Por iniciativa del diez por ciento de los ciudadanos inscriptos en el Registro Cívico Nacional, presentando un proyecto articulado que se elevará al Presidente de la Asamblea General, debiendo ser sometido a la decisión popular, en la elección más inmediata.

La Asamblea General, en reunión de ambas Cámaras, podrá formular proyectos sustitutivos que someterá a la decisión plebiscitaria, juntamente con la iniciativa popular.
B. Por proyectos de reforma que reúnan dos quintos del total de componentes de la Asamblea General, presentados al Presidente de la misma, los que serán sometidos al plebiscito en la primera elección que se realice.

Para que el plebiscito sea afirmativo en los casos de los incisos A) y B), se requerirá que vote por «Sí» la mayoría absoluta de los ciudadanos que concurran a los comicios, la que debe representar por lo menos, el treinta y cinco por ciento del total de inscriptos en el Registro Cívico Nacional.

C. Los Senadores, los Representantes y el Poder Ejecutivo podrán presentar proyectos de reforma que deberán ser aprobados por mayoría absoluta del total de los componentes de la Asamblea General.

El proyecto que fuere desechado no podrá reiterarse hasta el siguiente período legislativo, debiendo observar las mismas formalidades.

Aprobada la iniciativa y promulgada por el Presidente de la Asamblea General, el Poder Ejecutivo convocará, dentro de los noventa días siguientes, a elecciones de una Convención Nacional Constituyente que deliberará y resolverá sobre las iniciativas aprobadas para la reforma, así como sobre las demás que puedan presentarse ante la Convención. El número de convencionales será doble del de Legisladores. Conjuntamente se elegirán suplentes en número doble al de convencionales.

Las condiciones de elegibilidad, inmunidades e incompatibilidades, serán las que rijan para los Representantes.

Su elección por listas departamentales, se regirá por el sistema de la representación proporcional integral y conforme a las leyes vigentes para la elección de Representantes. La Convención se reunirá dentro del plazo de un año, contado desde la fecha en que se haya promulgado la iniciativa de reforma.

Las resoluciones de la Convención deberán tomarse por mayoría absoluta del número total de convencionales, debiendo terminar sus tareas dentro del año, contado desde la fecha de su instalación. El proyecto o proyectos redactados por la Convención serán comunicados al Poder Ejecutivo para su inmediata y profusa publicación.

El proyecto o proyectos redactados por la Convención deberán ser ratificados por el Cuerpo Electoral, convocado al efecto por el Poder Ejecutivo, en la fecha que indicará la Convención Nacional Constituyente.

Los votantes se expresarán por «Sí» o por «No» y si fueran varios los textos de enmienda, se pronunciarán por separado sobre cada uno de ellos. A tal efecto, la Convención Constituyente agrupará las reformas que por su naturaleza exijan pronunciamiento de conjunto. Un tercio de miembros de la Convención podrá exigir el pronunciamiento por separado de uno o varios textos. La reforma o reformas deberán ser aprobadas por mayoría de sufragios, que no será inferior al treinta y cinco por ciento de los ciudadanos inscriptos en el Registro Cívico Nacional.

En los casos de los apartados A) y B) solo se someterán a la ratificación plebiscitaria simultánea a las más próximas elecciones, los proyectos que hubieran sido presentados con seis meses de anticipación por lo menos a la fecha de aquéllas, o con tres meses para las fórmulas sustitutivas que aprobare la Asamblea General en el primero de dichos casos. Los presentados después de tales términos, se someterán al plebiscito conjuntamente con las elecciones subsiguientes.

D. La Constitución podrá ser reformada, también, por leyes constitucionales que requerirán para su sanción, los dos tercios del total de componentes de cada una de las Cámaras dentro de una misma Legislatura. Las leyes constitucionales no podrán ser vetadas por el Poder Ejecutivo y entrarán en vigencia luego que el electorado convocado especialmente en la fecha que la misma ley determine, expresa su conformidad por mayoría absoluta de los votos emitidos y serán promulgadas por el Presidente de la Asamblea General.

E. Si la convocatoria del Cuerpo Electoral para la ratificación de las enmiendas, en los casos de los apartados A), B), C) y D) coincidiera con alguna elección de integrantes de órganos del Estado, los ciudadanos deberán expresar su voluntad sobre las reformas constitucionales, en documento separado y con independencia de las listas de elección. Cuando las reformas se refieran a la elección de cargos electivos, al ser sometidas al plebiscito, simultáneamente se votará para esos cargos por el sistema propuesto y por el anterior, teniendo fuerza imperativa la decisión plebiscitaria.

Capítulo IV

Artículo 332. Los preceptos de la presente Constitución que reconocen derechos a los individuos, así como los que atribuyen facultades e imponen deberes a las autoridades públicas, no dejarán de aplicarse por falta de la reglamentación respectiva, sino que ésta será suplida, recurriendo a los fundamentos de leyes análogas, a los principios generales de derecho y a las doctrinas generalmente admitidas.

Disposiciones transitorias y especiales

A) Si el plebiscito fuera proclamado afirmativo, por resolución firme de la Corte Electoral, la presente reforma entrará en vigor con fuerza obligatoria, a partir de ese momento.

B) Las disposiciones contenidas en las Secciones VIII, IX, X, XI y XVI, entrarán a regir el 1.° de marzo de 1967.

C) Las listas de candidatos para las Juntas Electorales, creadas por la ley N° 7.690, de 9 de enero de 1924, se incluirán en la misma hoja de votación en que figuren candidatos a cargos nacionales.

D) La Asamblea General, en reunión de ambas Cámaras, dentro de los quince días siguientes a la iniciación de la próxima legislatura, procederá a fijar las asignaciones que percibirán el Presidente, el Vicepresidente de la República y los Intendentes Municipales que resultaren electos de acuerdo con este proyecto de reforma constitucional.

E) Créanse los Ministerios de Trabajo y Seguridad Social y de Transporte, Comunicaciones y Turismo, que tendrán competencia sobre las materias indicadas.

Los actuales Ministerios de Instrucción Pública y Previsión Social y de Industrias y Trabajo se transformarán, respectivamente en Ministerio de Cultura y Ministerio de Industria y Comercio.

La Comisión Nacional de Turismo, la Dirección General de Correos, la Dirección General de Telecomunicaciones, la Dirección General de Aviación Civil del Uruguay y la Dirección General de Meteorología del Uruguay, pasarán a depender, en calidad de servicios centralizados, del Ministerio de Transporte, Comunicaciones y Turismo. No obstante, el Poder Ejecutivo podrá delegarles, bajo su responsabilidad y por decreto fundado, las competencias que estime necesarias para asegurar la eficacia y continuidad del cumplimiento de los servicios.

Facúltase al Poder Ejecutivo para tomar de Rentas Generales las cantidades necesarias para la instalación y funcionamiento de los referidos Ministerios, hasta que la ley sancione sus presupuestos de sueldos, gastos e inversiones.

F) Los Entes Autónomos y Servicios Descentralizados que se indican, mientras no se dicten las leyes previstas para su integración, serán administrados:

1. El Banco Central de la República; el Banco de la República Oriental del Uruguay; el Banco de Seguros del Estado; el Banco Hipotecario del Uruguay; la Administración General de las Usinas Eléctricas y los Teléfonos del Estado; la Administración Nacional de Combustibles, Alcohol y Portland y la Administración Nacional de Puertos, por Directorios de cinco miembros designados en la forma indicada en el **Artículo** 187.

2. La Administración de las Obras Sanitarias del Estado y la Administración de los Ferrocarriles del Estado, por Directorios de tres miembros designados en la forma prevista en el **Artículo** 187.

3. El Servicio Oceanográfico y de Pesca y las Primeras Líneas Uruguayas de Navegación Aérea, por Directores Generales designados en la forma indicada en el **Artículo** 187.

G) Un Directorio integrado en la forma que se indica seguidamente, regirá el Instituto Nacional de Colonización:

a. Un presidente designado por el Poder Ejecutivo en la forma prevista en el **Artículo** 187;
b. Un delegado del Ministerio de Ganadería y Agricultura;
c. Un delegado del Ministerio de Hacienda;
d. Un miembro designado por el Poder Ejecutivo, que deberá elegirlo de una lista integrada con dos candidatos propuestos por la Universidad de la República y dos candidatos propuestos por la Universidad del Trabajo del Uruguay; y
e. Un miembro designado por el Poder Ejecutivo, que deberá elegirlo de entre los candidatos propuestos por las organizaciones nacionales de productores, las cooperativas agropecuarias y las sociedades de fomento rural, cada una de las cuales tendrá derecho a proponer un candidato.

H) A partir del 1.º de marzo de 1967, y hasta tanto la ley, por mayoría absoluta del total de componentes de cada una de las Cámaras, establezca la integración del Directorio del Banco Central de la República y sus competencias, este organismo, estará integrado en la forma indicada en el apartado 1.º de la Cláusula F) de estas Disposiciones Transitorias, y tendrá los cometidos y atribuciones que actualmente corresponden al Departamento de Emisión del Banco de la República.

I) Las disposiciones de la **Sección** XVII se aplicarán a los actos administrativos cumplidos o ejecutados a partir del 1.º de marzo de 1952.

Los actos administrativos anteriores a esa fecha podrán ser impugnados, o seguirán el trámite en curso, de conformidad con el régimen en vigor a la fecha de cumplimiento de esos actos. Quedan derogadas todas las disposiciones legales que atribuyen competencias a los órganos de la justicia ordinaria para conocer en primera o ulterior instancia, en asuntos sometidos a la jurisdicción del Tribunal de lo Contencioso Administrativo.

J) En tanto no se promulgue la Ley Orgánica del Tribunal de lo Contencioso-Administrativo:

1. Se regirá en su integración y funcionamiento, en cuanto sea aplicable, por la ley N.° 3.246, de 28 de octubre de 1907 y las leyes modificativas y complementarias.

2. El procedimiento ante el mismo será el establecido en el Código de Procedimiento Civil para los juicios ordinarios de menor cuantía.

3. Deberá dictar sus decisiones dentro del término establecido a ese efecto para la Suprema Corte de Justicia por las leyes N.° 9.594, de 12 de setiembre de 1936 y N.° 13.355, de 17 de agosto de 1965; y el Procurador del Estado en lo Contencioso-Administrativo deberá expedirse dentro del término establecido por la misma ley para el Fiscal de Corte. Las decisiones del Tribunal serán susceptibles de ampliación o de aclaración, de acuerdo con lo dispuesto en los artículos 486 y 487 del Código de Procedimiento Civil.

4. Los órganos de la justicia ordinaria remitirán al Tribunal de lo Contencioso-Administrativo copia testimoniada de las sentencias que dictaron con motivo del ejercicio de la acción de reparación prevista en el **Artículo** 312. Los representantes de la parte demandada remitirán igualmente copia testimoniada de esas sentencias al Procurador del Estado en lo Contencioso-Administrativo.

5. La acción de nulidad deberá interponerse, so pena de caducidad, dentro de los términos que, en cada caso, establecen las leyes hasta ahora vigentes, para recurrir ante la autoridad judicial. En los casos no previstos expresamente, el término será de sesenta días a contar del día siguiente al de la notificación personal del acto administrativo definitivo, si correspondiere, o de su publicación en el «Diario Oficial» o del de expiración del plazo que tiene la autoridad para dictar la correspondiente providencia.

K) La disposición del **Artículo** 247 no será aplicable para los Jueces de Paz en funciones al tiempo de sancionarse la presente Constitución, los que también podrán ser reelectos por más de una vez aun cuando no concurran las calidades que expresa el apartado final de dicho **Artículo**.

L) La opción a la que refiere el **Artículo** 312, solo podrá ejercitarse respecto de los actos administrativos dictados a partir de la vigencia de esta reforma.

M) Las Cajas de Jubilaciones y Pensiones Civiles y Escolares, la de la Industria y Comercio y la de los Trabajadores Rurales y Domésticos y de Pensiones a la Vejez, estarán regidas por el Directorio del Banco de Previsión Social, que se integrará en la siguiente forma:

a. cuatro miembros designados por el Poder Ejecutivo, en la forma prevista en el **Artículo** 187, uno de los cuales lo presidirá;

b. uno electo por los afiliados activos;

c. uno electo por los afiliados pasivos;

d. uno electo por las empresas contribuyentes.

Mientras no se realicen las elecciones de los representantes de los afiliados en el Directorio del Banco de Previsión

Social, éste estará integrado por los miembros designados por el Poder Ejecutivo y en ese lapso el voto del Presidente del Directorio será decisivo en caso de empate, aun cuando éste se hubiere producido por efecto de su propio voto.

N) Mientras no se dicte la Ley prevista para su integración, el Consejo Nacional de Enseñanza Primaria y Normal estará integrado por cinco miembros, tres de los cuales por lo menos deberán ser maestros con más de diez años de antigüedad, designados por el Poder Ejecutivo de acuerdo a lo previsto en el **Artículo** 187.

O) La Comisión de Planeamiento y Presupuesto estará integrada por los Ministros de: Hacienda; Ganadería y Agricultura; Industria y Comercio; Trabajo y Seguridad Social; Obras Públicas; Salud Pública; Transporte, comunicaciones y Turismo, y Cultura, o sus representantes y el director de la oficina, que la presidirá. Se instalará de inmediato, con los cometidos, útiles, mobiliario y personal de la actual Comisión de Inversiones y Desarrollo Económico.

P) El Consejo Nacional de Subsistencias y Contralor de precios, el Directorio del Instituto Nacional de Viviendas Económicas, la Comisión Nacional de Educación Física y el Consejo Directivo del Servicio Oficial de Difusión Radio Eléctrica, estarán integrados por tres miembros, designados por el Poder Ejecutivo en Consejo de Ministros.

Q) Todos los directorios y autoridades cuya forma de integración se modifica por estas enmiendas, continuarán en funciones hasta que estén designados o electos sus sucesores.

R) La disposición establecida en el **Artículo** 77, inciso 9.°), que se refiere a la separación de hojas de votación para los Gobiernos Departamentales, no regirá para la elección del 27 de noviembre de 1966.

S) En el plazo de un año, el Poder Ejecutivo elevará al Poder Legislativo, el proyecto de ley a que se refiere el **Artículo** 202.

T) Los miembros del actual Consejo Nacional de Gobierno podrán ser elegidos para desempeñar los cargos de Presidente o Vicepresidente de la República; y los miembros de los actuales Concejos Departamentales podrán serlo para desempeñar los cargos de Intendentes Municipales. Las prohibiciones establecidas en el **Artículo** 201 no se aplicarán en la elección nacional de 1966.

U) La Presidencia de la Asamblea General publicará de inmediato el nuevo texto de la Constitución.

V) La presente reforma del **Artículo** 67 entrará en vigencia a partir del 1.º de mayo de 1990. En ocasión del primer ajuste a realizarse con posteridad a esa fecha, el mismo se hará, como mínimo, en función de la variación operada con el Indice Medio de Salarios entre el 1.º de enero de 1990 y la fecha de vigencia de dicho ajuste.

V') Sin perjuicio de lo establecido en los artículos 216 y 256 y siguientes de la Constitución de la República, declárase la inconstitucionalidad de toda modificación de seguridad social, seguros sociales, o previsión social (Artículo 67) que se contenga en las leyes presupuestales o de rendición de cuentas a partir del 1.º de octubre de 1992.

La Suprema Corte de Justicia de oficio, o a petición de cualquier habitante de la República, emitirá pronunciamiento sin más trámite, indicando las normas a las que debe aplicarse esta declaración, lo que comunicará al Poder Ejecutivo y al Poder Legislativo.

Dichas normas dejarán de producir efecto para todos los casos, y con retroactividad a su vigencia.

W) Las elecciones internas para seleccionar la candidatura presidencial única para las Elecciones Nacionales a celebrase en 1999, así como las que tengan lugar, en lo sucesivo, y antes de que se dicte la Ley prevista en el numeral 12) del **Artículo** 77, se realizarán de acuerdo con las siguientes bases:

a. Podrán votar todos los inscriptos en el Registro Cívico.

b. Se realizarán en forma simultánea el último domingo de abril del año en que deban celebrarse las elecciones nacionales por todos los partidos políticos que concurran a las últimas.

c. El sufragio será secreto y no obligatorio.

d. En un único acto y hoja de votación se expresará el voto.

1. Por el ciudadano a nominar como candidato único del partido a la Presidencia de la República.

2. Por las nóminas de convencionales nacionales y departamentales. Para integrar ambas convenciones se aplicará la representación proporcional y los precandidatos no podrán acumular entre sí.

La referencia a convencionales comprende el colegio elector u órgano deliberativo con funciones electorales partidarias que determine la carta Orgánica o el estatuto equivalente de cada partido político.

3. El precandidato más votado será nominado directamente como candidato único a la Presidencia de la República siempre que hubiera obtenido la mayoría absoluta de los votos de su partido. También lo será aquel precandidato que hubiera superado el cuarenta por ciento de los votos válidos de su partido y que, además, hubiese aventajado al segundo precandidato por no menos del diez por ciento de los referidos votos.

4. De no darse ninguna de las circunstancias referidas en el literal anterior, el Colegio Elector Nacional, o el órgano deliberativo que haga sus veces, surgido de dicha elección interna, realizará la nominación del candidato a la Presidencia en votación nominal y pública, por mayoría absoluta de sus integrantes.

5. Quien se presentare como candidato a cualquier cargo en las elecciones internas, solo podrá hacerlo por un partido político y queda inhabilitado para presentarse como candidato a cualquier cargo en otro partido en las inmediatas elecciones nacionales y departamentales. Dicha inhabilitación alcanza también a quienes se postulen como candidatos a cualquier cargo ante los órganos electores partidarios.

6. De sobrevenir la vacancia definitiva en una candidatura presidencial antes de la elección nacional, será ocupada automáticamente por el candidato a Vicepresidente, salvo resolución en contrario antes del registro de las listas, del colegio elector nacional u órgano deliberativo equivalente, convocado expresamente a tales efectos.

De producirse con relación al candidato a Vicepresidente, corresponderá al candidato presidencial designar sus sustituto, salvo resolución en contrario de acuerdo con lo estipulado en el inciso anterior.

X) En tanto no se dicte la Ley prevista en el penúltimo inciso del **Artículo** 230, la Comisión Sectorial estará integrada por los delegados de los Ministerios competentes y por cinco delegados del Congreso de Intendentes, debiendo instalarse dentro de los noventa días a partir de la entrada en vigencia de la presente reforma constitucional.

Y) Mientras no se dicten las leyes previstas por los artículos 262 y 287, las autoridades locales se regirán por las siguientes normas:

7. Se llamarán Juntas Locales, tendrán cinco miembros y, cuando fueren electivas, se integrarán por representación proporcional, en cuyo caso serán presididas por el primer titular de la lista más votada del lema más votado en la respectiva circunscripción territorial. En caso contrario, sus miembros se designarán por los Intendentes con la anuencia de la Junta Departamental y respetando, en lo posible, la proporcionalidad existente en la representación de los diversos partidos el dicha Junta.

8. Habrá Juntas Locales en todas las poblaciones en que existan a la fecha de entrada en vigor de la presente Constitución, así como en las que, a partir de la fecha, cree la Junta Departamental, a propuesta del Intendente.

Z) Mientras no se dictare la Ley prevista en el **Artículo** 271, los candidatos de cada Partido a la Intendencia Municipal serán nominados por su órgano deliberativo departamental o por el que, de acuerdo a sus respectivas Cartas Orgánicas o Estatutos haga las veces de Colegio Elector. Este órgano será electo en las elecciones internas a que se refiere la disposición transitoria letra W).

Será nominado candidato quién haya sido más votado por los integrantes del órgano elector. También lo podrá ser quien lo siguiere en número de votos siempre que superare el treinta por ciento de los sufragios emitidos. Cada convencional o integrante del órgano que haga las veces de Colegio Elector votará por un solo candidato.

De sobrevenir la vacancia definitiva en una candidatura a la Intendencia Municipal antes de la elección departamental, será ocupada automáticamente por su primer suplente, salvo resolución en contrario antes del registro de las listas, del colegio elector departamental u órgano deliberativo equivalente, convocada expresamente a tales efectos.

De producirse con relación al primer suplente, corresponderá al colegio elector departamental u órgano deliberativo equivalente, la designación de su sustituto.

Z') El mandato actual de los Intendentes Municipales, Ediles Departamentales y miembros de las Juntas Locales electivas, se prorrogará, por única vez hasta la asunción de las nuevas autoridades según lo dispone el **Artículo** 262 de la presente Constitución.

Libros a la carta

A la carta es un servicio especializado para
empresas,
librerías,
bibliotecas,
editoriales
y centros de enseñanza;
y permite confeccionar libros que, por su formato y concepción, sirven a los propósitos más específicos de estas instituciones.

Las empresas nos encargan ediciones personalizadas para marketing editorial o para regalos institucionales. Y los interesados solicitan, a título personal, ediciones antiguas, o no disponibles en el mercado; y las acompañan con notas y comentarios críticos.

Las ediciones tienen como apoyo un libro de estilo con todo tipo de referencias sobre los criterios de tratamiento tipográfico aplicados a nuestros libros que puede ser consultado en Linkgua-ediciones.com.

Linkgua edita por encargo diferentes versiones de una misma obra con distintos tratamientos ortotipográficos (actualizaciones de carácter divulgativo de un clásico, o versiones estrictamente fieles a la edición original de referencia).

Este servicio de ediciones a la carta le permitirá, si usted se dedica a la enseñanza, tener una forma de hacer pública su interpretación de un texto y, sobre una versión digitalizada «base», usted podrá introducir interpretaciones del texto fuente. Es un tópico que los profesores denuncien en clase los desmanes de una edición, o vayan comentando errores de interpretación de un texto y esta es una solución útil a esa necesidad del mundo académico.

Asimismo publicamos de manera sistemática, en un mismo catálogo, tesis doctorales y actas de congresos académicos, que son distribuidas a través de nuestra Web.

El servicio de «libros a la carta» funciona de dos formas.

1. Tenemos un fondo de libros digitalizados que usted puede personalizar en tiradas de al menos cinco ejemplares. Estas personalizaciones pueden ser de todo tipo: añadir notas de clase para uso de un grupo de estudiantes,

introducir logos corporativos para uso con fines de marketing empresarial, etc. etc.

2. Buscamos libros descatalogados de otras editoriales y los reeditamos en tiradas cortas a petición de un cliente.